INVENTAIRE
V34,701

LES

LES DERNIÈRES LETTRES

D'ÉMILE CHEVÉ

COMPLÉMENT DE

LA ROUTINE ET LE BON SENS

OU LES

CONSERVATOIRES ET LA MÉTHODE GALIN-PARIS-CHEVÉ.

PRIX NET : 1 FR. 50 C.

AF475939

PARIS
CHEZ Mme Ve ÉMILE CHEVÉ, 18, RUE VISCONTI.
1866.

V

LES

ONZE DERNIÈRES LETTRES

D'ÉMILE CHEVÉ.

(C.)

34701

DÉPÔT LÉGAL
Seine Inférieure
66
1866

LES

ONZE DERNIÈRES LETTRES

D'ÉMILE CHEVÉ

COMPLÉMENT DE

LA ROUTINE ET LE BON SENS

OU LES

CONSERVATOIRES ET LA MÉTHODE GALIN-PARIS-CHEVÉ.

PRIX NET : 1 FR. 50 C.

PARIS
CHEZ Mme Ve ÉMILE CHEVÉ, 18, RUE VISCONTI.
1866.

LES

ONZE DERNIÈRES LETTRES D'ÉMILE CHEVÉ

Sur les Méthodes d'enseignement musical.

VINGT-NEUVIÈME LETTRE.

DES VOIX DANS LEUR RAPPORT AVEC L'ÉCRITURE MUSICALE.

Maintenant que nous en avons fini avec les deux questions pivotales de la mélodie, *l'intonation et la mesure*, occupons-nous *des voix;* des voix *dans leur rapport avec l'écriture musicale;* des voix, conduisant à l'adoption de clefs multiples (1). Mais je le dis à l'avance, je ne m'occupe ici nullement de la question *physiologique*, ni de la question *artistique;* ces deux importantes questions viendront peut-être plus tard. Il est donc bien entendu que je ne vais prendre les voix *que sous le rapport de leur classification et des conséquences déplorables qu'a eues cette classification sur l'écriture musicale*, afin de montrer au lecteur quelle immense différence existe encore ici entre notre école et toutes les écoles

---

(1) On avait déjà des tonalités multiples, des signes de durée multiples; il fallait bien avoir aussi des barreaux toniques multiples; cette homogénéité d'absurdités élève les difficultés pratiques à leur plus haute puissance!... Etait-ce ce que l'on voulait? je l'ignore; mais le but est pleinement atteint, comme le verra bientôt le lecteur.

officielles, quelque titre qu'on leur donne. Pour me rendre plus intelligible, je vais montrer ce que l'on aurait dû faire; ce qui est vraiment dans la nature de la chose, puis je montrerai ensuite l'affreux contre-sens dans lequel on s'est laissé entraîner par la spécieuse idée d'une clef pour chaque voix. Établissons d'abord la classification des voix :

Lorsqu'une oreille suffisamment exercée écoute avec attention des voix d'hommes et des voix de femmes chantant à l'unisson, elle est bientôt frappée du fait suivant qui se reproduit constamment : c'est que, bien que tous les chanteurs, hommes et femmes, croient donner le même son à l'unisson, *il y a une octave de différence* entre le son donné par les voix d'hommes et celui chanté par les voix de femmes. Les femmes produisent toujours l'octave aiguë du son donné par les hommes, bien que tous, je le répète à dessein, croient prendre l'unisson. Ce fait, qui est constant, tient à la différence d'étendue qui existe naturellement entre la glotte de l'homme et celle un peu plus petite de la femme; aussi est-il universel, et dans tous les pays, chacun reconnaît, sans être musicien, et même au simple *parler*, la voix d'homme de la voix de femme.

La première division à établir entre les voix humaines est donc celle qui les partage en deux grandes classes : les voix d'hommes et les voix de femmes, ces dernières étant naturellement d'une octave plus aiguës que les premières (1).

Cette première distinction établie entre les voix d'hommes et les voix de femmes, un second fait se présente à l'audition d'un grand nombre de voix, soit d'hommes, soit de femmes : c'est que *certaines voix sont naturellement timbrées au grave, tandis que d'autres le sont à l'aigu;* les premières descendent ordinairement avec facilité et deviennent criardes dans les sons aigus; tandis que les secondes donnent au contraire

(1) Avant l'époque de la mue, les voix d'enfant partagent le caractère des voix de femmes; après cette époque, chaque voix prend le caractère qui lui est assigné par la nature. — Il est bien entendu que je parle de l'homme dans son état normal, et non de ces malheureux que des hommes impies croyaient avoir le droit de mutiler dans le but unique de se procurer des sensations plus voluptueuses!... et ce crime de lèse divinité était commis dans le but de rehausser l'éclat des cérémonies du culte divin!!! Quelle aberration, mon Dieu!...

facilement les sons aigus et deviennent sourdes et même nulles dans les sons graves. Ce phénomène s'observe pour les voix d'hommes comme pour les voix de femmes : il en résulte une séparation fort naturelle des voix de chaque classe en deux groupes : les voix graves et les voix aiguës, ce qui donne le petit tableau suivant :

VOIX	DE FEMMES	*aiguës* — montant facilement.
		graves — descendant facilement.
	D'HOMMES	*aiguës* — montant facilement.
		graves — descendant facilement.

Là devrait s'arrêter la véritable classification scientifique des voix ; ce sont ces quatre voix réunies qui donnent l'harmonie complète. Mais comme il y a un grand nombre de voix (surtout parmi celles qui ne sont pas exercées dès l'enfance) qui ne présentent aucun caractère tranché de gravité ou d'acuité, le besoin de faire des quatuors à voix égales (voix d'hommes seules ou voix de femmes seules) a conduit les compositeurs et, après eux, les théoriciens, à établir, dans les voix graves, comme dans les voix aiguës, une nouvelle subdivision qui porta à huit le nombre des voix admises en théorie. Voici comment :

Parmi les voix graves, on en trouva qui descendirent plus bas les unes que les autres, et l'on partagea les voix graves en deux groupes : les plus graves et les moins graves.

Parmi les voix aiguës, on en trouva qui montèrent plus haut les unes que les autres, et l'on sépara également les voix aiguës en deux groupes : les plus aiguës et les moins aiguës. Cette subdivision s'étant effectuée dans les voix de femmes comme dans les voix d'hommes, l'on obtint les huit voix suivantes, classées de bas en haut de la plus grave à la plus aiguë :

CLASSIFICATION DES VOIX HUMAINES.

VOIX	DE FEMMES	*aiguës*	Les plus aiguës — *Premières.*
			Les moins aiguës — *Secondes.*
		graves	Les moins graves — *Secondes.*
			Les plus graves — *Premières.*
	D'HOMMES	*aiguës*	Les plus aiguës — *Premières.*
			Les moins aiguës — *Secondes.*
		graves	Les moins graves — *Secondes.*
			Les plus graves — *Premières.*

De deux voix graves, la plus grave est naturellement la plus estimée; par une raison analogue, de deux voix aiguës, la plus aiguë est la plus estimée. Les deux variétés de chaque groupe peuvent donc être distinguées l'une de l'autre par les épithètes de *première* et de *seconde,* comme le montre le petit tableau ci-dessus. La première grave étant la plus grave, et la première aiguë étant la plus aiguë, les quatre voix de chaque classe forment une progression ascendante qui, du grave à l'aigu, donne le résultat suivant : Première grave, deuxième grave, deuxième aiguë, première aiguë. Ajoutons que les voix de femmes, étant naturellement *d'une octave au-dessus* des voix d'hommes, la première voix grave de femme se trouve encore plus aiguë que la première voix aiguë d'homme; de sorte que la progression ascendante commencée par les voix d'hommes est régulièrement continuée par celle des voix de femmes, comme on le voit dans le petit tableau ci-dessus. En somme, la classification des voix donne donc une progression régulière de huit termes, allant de bas en haut, de la première voix grave d'homme à la première voix aiguë de femme, progression dont la *raison* est représentée par *une tierce.* Expliquons-nous :

L'étendue normale d'une voix (sauf exceptions d'ailleurs assez nombreuses) est de *dix à douze notes diatoniques.* La théorie qui a donné naissance au système actuel des clefs avait adopté *onze notes,* comme moyenne d'une voix ordinaire. Prenons, et sans y attacher d'ailleurs aucune importance, cette moyenne comme vraie, afin d'établir le parcours approximatif total des huit voix de la classification, en montant de la plus grave à la plus aiguë. Voici comment on fixa les limites de chaque voix :

Le diapason en usage portant le nom de *la,* on a regardé comme *première voix grave d'homme* celle qui peut donner franchement le *fa* grave, formant *dixième inférieure* avec le *la* du diapason conventionnel.

Le *fa* grave du diapason étant regardé comme limite grave de la première voix grave d'homme, cette voix, ayant comme les autres une *onzième* d'étendue, dut avoir pour limite aiguë le *si*, formant seconde majeure supérieure avec le *la* du diapason.

Ce point de départ une fois établi, on classa successivement les voix de la plus grave à la plus aiguë; en retranchant à chacune *une tierce par en bas, et en lui accordant une tierce de plus par en haut.* (Bien entendu que tout ceci n'est qu'une approximation assez grossière.) Les huit voix de la classification se trouvèrent ainsi présenter les limites suivantes :

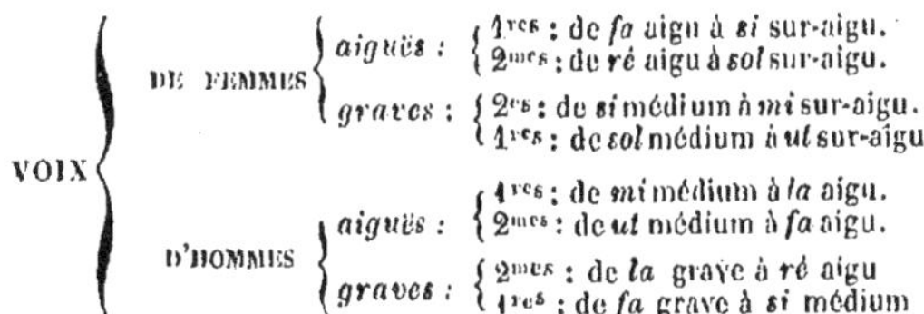

La limite grave de la voix la plus grave étant un *fa*, on voit *les limites graves des sept autres voix former avec la première une progression régulière de tierces ascendantes* : FA, LA, UT, MI, SOL, SI, RÉ, FA.

La limite aiguë de la voix la plus grave étant un *si*, on voit *les limites aiguës des sept autres voix former avec la première une progression régulière de tierces ascendantes* : SI, RÉ, FA, LA, UT, MI, SOL, SI.

Autres remarques : Toutes les voix d'hommes réunies sont comprises entre le *fa* grave *formant dixième inférieure avec le diapason*, TEL QUE LE PRENNENT LES VOIX D'HOMMES, et le *la* aigu formant l'*octave aiguë* du diapason : soit *une dix-septième*.

Toutes les voix de femmes réunies sont comprises entre le *sol* grave formant *neuvième inférieure avec le diapason*, TEL QUE LE PRENNENT LES VOIX DE FEMMES (1), et le *si* aigu formant *neuvième supérieure* avec le *la* du diapason : soit *une dix-septième*.

Enfin, les huit voix réunies (et en tenant compte cette fois

(1) C'est à dessein que j'emploie ces formes : *dixième inférieure avec le diapason* TEL QUE LE PRENNENT NATURELLEMENT LES VOIX D'HOMMES, *neuvième inférieure avec le diapason* TEL QUE LE PRENNENT NATURELLEMENT LES VOIX DE FEMMES. C'est en effet ce qui paraît être, puisque *les deux classes de voix se servant du même diapason pour prendre le* LA croient le prendre à l'unisson l'une de l'autre, quoiqu'il y ait véritablement une octave entre les deux sons, donnés en apparence à l'unisson du même diapason. — C'est la voix de femme qui donne réellement l'unisson du diapason, tandis que la voix d'homme en donne l'octave grave. L'harmoniste seul doit tenir un compte sérieux de ce fait naturel ; l'écriture n'a pas à s'en occuper.

de l'octave qui sépare les voix de femmes des voix d'hommes), commençant au *fa* grave pour s'arrêter au *si* sur-aigu, ont véritablement une étendue totale de *vingt-cinq degrés diatoniques*.

Voilà la théorie des voix telle qu'elle est généralement admise (sauf les noms usuels des voix que nous verrons tout-à-l'heure). Cette théorie peut être conservée sans inconvénient, pourvu qu'on ne la regarde que comme une approximation très-générale, qui donne lieu à de nombreuses exceptions.

L'écriture musicale a donc dû se plier aux exigences de cette théorie, et fournir le moyen d'écrire distinctement les vingt-cinq sons diatoniques parcourus par les voix humaines. Prenons maintenant cette partie de la question desvoix ; et, comme je parle d'abord de notre écriture avant de m'occuper de l'écriture usuelle, voyons comment le chiffre peut répondre à cette exigence de vingt-cinq degrés diatoniques. Et d'abord, l'écriture doit-elle véritablement parcourir une vingt-cinquième ?

En premier lieu, remarquez qu'il y a identité parfaite pour les rapports et l'étendue entre les quatre voix d'hommes d'une part et les quatre voix de femmes de l'autre : dans chacune des deux classes on trouve en effet une étendue totale de *une dix-septième*, et de plus, les voix sont échelonnées à distance de tierce les unes des autres. L'écriture des voix d'hommes convient donc parfaitement pour les voix de femmes.

Remarquez, en second lieu, que, quand une femme et un homme croient prendre l'unisson, pour l'œil, ils donnent véritablement l'octave pour l'oreille, bien qu'ils prennent le *la* au même diapason, et bien qu'ils chantent à la vue des mêmes signes. Le même air, lu sur la même écriture, est bien toujours le même, qu'il soit chanté par des voix d'hommes ou par des voix de femmes ; seulement chaque voix, d'homme ou de femme, le rend à l'octave qui lui est particulière.

Il résulte évidemment de ces deux faits, que l'écriture n'avait pas à s'occuper de la différence d'octave des deux classes de voix, puisque le lecteur ne s'aperçoit même pas de cette différence et que l'étendue est la même dans les deux classes, et le point de départ aussi, puisque l'une commence au *fa* et l'autre au *sol*, et que la première s'arrêtant au *la*, la deuxième ne va qu'au *si*. Il suffit donc d'ajouter un *si* aigu à l'écriture des voix d'hommes pour qu'elle convienne parfaitement aux voix de femmes. Le compositeur n'a d'autre précaution à prendre que d'écrire en tête de son morceau l'indication suivante : voix de femme ou voix d'homme, et tout est dit.

Ainsi, la somme totale des voix de la classification ne demande que dix-huit notes diatoniques de parcours ; or, les chiffres présentent trois octaves : la *série grave*, pointée en-dessous ; la *série du médium*, sans point ; et la *série aiguë*, pointée en-dessus. Donc les chiffres satisfont, et au-delà, aux besoins des voix, et quand le compositeur s'en sert pour écrire un morceau quelconque, il n'a d'autre soin à prendre que celui d'indiquer en tête du morceau la voix pour laquelle il l'a écrit ; le lecteur à son tour sait ce que désire le compositeur, et il le rend exactement. Ici, comme dans le cas d'écriture sur la portée, si un homme chante un morceau écrit pour une voix de femme, il sait qu'il doit le chanter à l'octave au-dessus de ce qu'il ferait si le morceau était écrit pour sa voix ; de même si une femme veut rendre exactement l'effet d'un morceau écrit pour voix d'homme, elle le chante à l'octave au-dessous de ce qu'elle ferait si le chant était écrit pour sa voix (1).

---

(1) **Résumons tout cet article en un petit tableau synoptique renfermant les huit voix, avec les noms usuels par lesquels on les désigne aujourd'hui. Au-dessous de chaque voix nous exprimerons, en chiffres, la limite grave et la limite aiguë de chacune d'elles. Le lecteur verra ainsi tout le système d'un coup d'œil :**

TABLEAU GÉNÉRAL DES VOIX.

VOIX D'HOMMES.				VOIX DE FEMMES.			
VOIX GRAVES BASSES.		VOIX AIGUES TÉNORS.		VOIX GRAVES CONTRALTOS.		VOIX AIGUES SOPRANOS.	
1res.	2mes.	2mes.	1ers.	1ers.	2mes.	2mes.	1ers.
7	$\dot{2}$	$\dot{4}$	$\dot{6}$	$\dot{1}$	$\dot{3}$	$\dot{5}$	$\dot{7}$
$\underset{\cdot}{4}$	$\underset{\cdot}{6}$	1	3	$\underset{\cdot}{5}$	$\underset{\cdot}{7}$	2	4

Rien de plus simple, rien de plus clair. rien de plus facile que cette écriture pour les voix ; et la musique ainsi comprise et écrite, basée sur la *théorie des rapports* et n'ayant *qu'un système unitaire* pour les durées, devient une chose très-facile, accessible à tous, en un temps fort court et sans ennui ni dégoût. Tandis qu'avec les tonalités multiples, les unités de durée multiples, et, pour couronner l'œuvre, les clefs multiples, la musique se trouve transformée en un véritable chaos, dont les plus forts et les plus intrépides ne sont jamais certains de sortir à leur honneur.

Voyons maintenant comment les musiciens s'y sont pris pour mettre leur écriture en harmonie avec la théorie des voix ; en un mot, étudions les clefs, ce qui fera le sujet de ma prochaine lettre.

En attendant, agréez, etc.

ÉMILE CHEVÉ.

TRENTIÈME LETTRE.

Nous arrivons à l'écriture des voix sur la portée. Nous venons de voir que chacune des deux classes réclame dix-sept notes diatoniques, et que l'écriture des voix d'hommes convient parfaitement aux voix de femmes, à la simple condition de prendre une note de plus à l'aigu, c'est-à-dire, d'avoir dix-huit notes diatoniques consécutives.

La portée générale des voix doit donc offrir *neuf barreaux*, qui, avec les huit interlignes et les deux points extrêmes au-dessus et au-dessous de la portée, donnent dix-neuf notes diatoniques. Mais, comme une portée de neuf lignes serait illisible, et que, de plus, aucune voix n'a jamais besoin des neuf barreaux à la fois, il suffit pour atteindre le but, de prendre les cinq barreaux du milieu de *la portée de neuf barreaux*, et d'y ajouter, pour les voix extrêmes, et *selon le besoin*, deux barreaux supplémentaires par en bas et deux autres par en haut, comme le montre l'exemple suivant. (Voir l'exemple N° 1 à la page 15.)

Selon que le morceau est écrit pour une voix d'homme ou pour une voix de femme, on met près de la clef les mots :

basse ou *ténor*, *contralto* ou *soprano*, et tout est dit. La même clef servant à toutes les voix, chaque voix peut lire l'écriture des sept autres voix comme elle lit la sienne, et le lecteur n'est plus soumis à cette affreuse torture de la lecture sur sept clefs différentes. Les voix extrêmes arrivent seules à l'emploi du second barreau supplémentaire inférieur ou supérieur, tandis que les voix moyennes n'arrivent jamais qu'à l'emploi d'un seul barreau supplémentaire. Il n'y avait donc là aucune difficulté de lecture, et il y avait unité absolue dans l'écriture des diverses voix. C'était ce que l'on devait rechercher.

Hélas! on s'est bien gardé d'une pareille simplicité, comme nous allons le voir tout à l'heure; mais auparavant, mettons sous les yeux du lecteur *chacune* des quatre portées *isolée* des trois autres, et telle que l'on aurait dû l'adopter :

Voilà ce qu'auraient dû faire les inventeurs de la classification des voix. Je le répète : avec ce système si simple, ils satisfaisaient à toutes les exigences des voix. Les voix extraordinaires elles-mêmes y auraient trouvé ce qu'il leur faut, puisque l'addition d'un troisième barreau supplémentaire, au grave, donnait l'*ut* grave, formant quarte inférieure avec le *fa*, limite grave de la première basse; tandis que la même addition d'un troisième barreau supplémentaire, à l'aigu, conduisait au *ré* sur aigu, formant tierce supérieure avec le *si* aigu, limite extrême du 1er soprano.

Evidemment, la moindre réflexion, *la moindre connaissance du but à atteindre pour l'écriture* devait conduire à ce résultat; mais il n'était sans doute pas assez compliqué pour qu'on s'y arrêtât; voici donc ce qui fut fait, et ce dont l'écriture actuelle ne présente plus que des lambeaux tellement défigurés, que les trois quarts des musiciens seraient fort embarrassés, s'il leur fallait reconstruire le système complet de leurs clefs, comme ils l'ont été de reconstruire le tableau intégral de leur absurde système des mesures.

Arrivons enfin au système des clefs tel qu'il existe dans les livres actuels; seulement présentons-le dans son ensemble :

Partant de la classification des voix telle que nous l'avons donnée, et voulant distinguer par l'écriture même, les voix de femmes des voix d'hommes, on fut contraint d'avoir une portée pouvant écrire depuis le FA *grave* de la basse jusqu'au SOL *sur-aigu* du soprano (je dis SOL et non pas SI, parce que, *d'après l'écriture*, il paraîtrait que la 1re voix aiguë de femme n'est entrée qu'après coup dans la classification). C'était donc une étendue d'une vingt-troisième à écrire. — Vingt-trois notes diatoniques réclamant onze barreaux, la portée générale des voix dut avoir onze barreaux; le son le plus grave de la basse étant un *fa*, le premier barreau du bas porta le nom de *sol*, ce qui fit tomber l'*ut* médium précisément sur le barreau du milieu, comme le montre l'exemple que voici. (Voir l'exemple n° 6 à la page 15.)

En partant du premier barreau du bas, du barreau *sol*, pour nommer tous les autres, on rencontre l'*ut* trois fois : 1° sur le deuxième interligne du bas : 2° sur le barreau du milieu; 3° sur le deuxième interligne du haut (vérifiez). D'après cela, la clef *ut* s'est trouvée tout naturellement appliquée sur le barreau du milieu; le *fa* grave de la basse s'est rencontré *sous la portée*, et le *sol* sur-aigu du soprano a trouvé sa place *sur la portée*. Cette portée générale, ainsi disposée, permet d'écrire les vingt-trois sons parcourus par les sept voix (en laissant de côté pour un instant la voix aiguë de femme). — Il fut convenu que le barreau du milieu, *le barreau de la clef*, recevrait l'*ut* correspondant à celui du milieu du piano.

Mais cette portée présentait un grave inconvénient; c'est que l'œil n'appréciait qu'avec une extrême difficulté les distances des notes et que la lecture rapide était impossible. D'ailleurs, *chaque voix* ne parcourant que *onze notes*, environ, il était parfaitement inutile de conserver tous les barreaux à la fois; il suffisait à chaque voix d'en avoir cinq pour pouvoir écrire les onze notes de son diapason. — On adopta donc *la portée de cinq barreaux pour chaque voix* particulière; seulement il fallait imaginer un moyen qui fît reconnaître au chanteur que les cinq barreaux qu'il avait devant les yeux étaient des barreaux *du bas, du milieu* ou *du haut* de la portée générale. Il fallait, en un mot, reconnaître au premier aspect pour quelle voix était écrit le morceau que l'on avait sous les yeux, et à quelle hauteur prendre le son de départ.

Voici ce que l'on a imaginé pour arriver à ce résultat. Comme la *clef ut* se trouve sur le sixième barreau, elle ne peut servir quand on ne prend que les cinq du bas ou les cinq du haut; dès lors on est convenu, pour les cas où l'on prendrait ces barreaux extrêmes,, de désigner deux autres barreaux de la portée générale, un dans le groupe inférieur, le *barreau fa*, et un dans le groupe supérieur, le *barreau sol;* c'est-à-dire que l'on a créé deux autres signes appelés *clef fa* et *clef sol;* et la portée générale s'est alors trouvée armée de trois clefs, de la manière suivante. (Voir l'exemple nº 7 à la page 16.)

Ces trois clefs une fois adoptées, il ne restait plus qu'à chercher le moyen de reconnaître, au premier coup-d'œil, à quelle partie de la portée générale appartiennent les cinq barreaux que l'on rencontre armés de l'une des trois clefs.

Le tableau ci-dessous montre comment chaque clef indique une voix particulière, selon qu'elle se rencontre sur tel ou tel barreau de la portée de cinq lignes, et comment elle indique toujours le même barreau de la portée générale, quoique paraissant être tantôt sur un barreau plus haut, tantôt sur un barreau plus bas. Ce tableau donne en même temps une classification simple et naturelle des voix, que nous proposons en remplacement de l'ancienne; elle donne de plus le rapport des voix avec les clefs. La classification nouvelle des voix est écrite au-dessus de la portée; les noms anciens sont écrits au-dessous. Arrivons donc de suite à ce tableau général. (Voir le tableau en notes nº 8 à la page 16.)

Partageons en deux séries les remarques sur ce tableau : A, remarques sur les voix; B, remarques sur les clefs.

A. *Remarques sur les voix.* 1º Le tableau présente la classification des voix telle que nous l'avons donnée dans la lettre précédente; cette classification est écrite au-dessus de la portée.

2º Au-dessous de la portée sont écrits les noms qui ont servi longtemps ou qui servent encore aujourd'hui à désigner les huit espèces de voix du tableau.

Nous pensons qu'il vaut mieux adopter les noms du tableau; ils permettent de saisir très-vite et de retenir facilement la classification des voix; ce que ne permettent pas aussi bien les noms anciens.

3º Dans la colonne de chaque voix se trouvent ses limites, grave et aiguë, ainsi que la portion de portée générale qui lui appartient; la voix de première basse prend les cinq barreaux du bas; les autres voix négligent successivement chacune un barreau du bas de la portée, pour en prendre un de plus par en haut, de façon que chacune en a toujours cinq, et que chaque voix descend une tierce moins bas que sa voisine de gauche, et monte une tierce plus haut. Les voix sont donc échelonnées de tierce en tierce en montant, à partir du *fa* de la première basse (il est bien entendu que cette régularité dans la classification des voix n'est qu'un terme moyen; mais il n'y a aucun inconvénient à considérer ainsi la question, et l'esprit s'en rend maître de suite.)

4º La voix de premier contralto a, pour son le plus grave, le *sol* qui forme neuvième avec le *fa grave* de la voix de première basse; mais quand une femme le prend au diapason, il ne paraît former qu'une seconde avec ce *fa grave* de la basse. Cela tient à ce que la voix de femme donne naturellement l'octave aiguë du même son chanté par une voix d'homme; particularité qui dépend de ce que le larynx de la femme est plus petit que celui de l'homme. Ainsi, quand un homme et une femme prennent un son à l'unisson, il y a véritablement une octave entre les deux voix (1).

5º Les limites des voix indiquées dans le tableau ne se rapportent qu'aux voix ordinaires, et nullement aux voix extraordinaires que l'on rencontre quelquefois dans nos théâtres ou dans les salons.

B. *Relativement aux clefs* : 1º Entre elles trois, les clefs peuvent occuper, en apparence, huit positions différentes, quoique chacune d'elles ne quitte jamais le barreau qu'elle occupe sur la portée générale. La *clef fa* occupe *deux* positions, les barreaux nos 3 et 4; la *clef ut* en occupe *quatre*, les barreaux nos 1, 2, 3 et 4; enfin la *clef sol* en occupe *deux*, les barreaux nos 1 et 2. Ces *huit positions* des *trois clefs* placent ainsi successivement l'*ut* de la manière suivante :

Deuxième interligne, Premier interligne,	clef *fa*.
Quatrième barreau, Troisième barreau, Deuxième barreau, Premier barreau,	clef *ut*.
Troisième interligne, *Deuxième interligne,*	clef *sol*.

C'est-à-dire que les deux *clefs fa* et *sol* placent toujours l'*ut* sur un interligne, tandis que la *clef ut* le place sur un barreau. Remarquez enfin que la première position de la *clef fa* et la deuxième de la *clef sol* placent l'*ut* sur le deuxième interligne; seulement ces deux *ut* sont à deux octaves de distance.

2º Quelle que soit la position apparente d'une clef, elle désigne toujours le même barreau de la portée générale. La *clef*

(1) C'est pour ce motif qu'il ne fallait qu'une seule et même écriture pour les voix d'hommes et les voix de femmes... Qui s'est jamais imaginé de faire un alphabet différent pour les femmes, sous prétexte que leur voix est plus aiguë que celle des hommes? La question est cependant identiquement la même.

ut désigne toujours l'*ut du milieu* du clavier du piano; la *clef sol* indique toujours la quinte au-dessus de l'*ut* du milieu; la *clef fa* désigne la quinte au-dessous de l'*ut* du milieu. C'est-à-dire que la note écrite sur le barreau qui porte une *clef ut* se frappe sur l'*ut* du milieu du piano; la note écrite sur le barreau de la *clef sol* se frappe à la quinte au dessus de l'*ut* du milieu, et la note écrite sur le barreau d'une *clef fa* se frappe à la quinte au-dessous du même *ut*.

3° Il en résulte que, plus il y a de barreaux *au-dessous* d'une clef, de la *clef ut* par exemple, plus on peut écrire de sons graves; et que, plus il y a de barreaux au-dessus, plus on peut écrire de sons aigus. La même clef appartient donc à une voix d'autant plus grave qu'il y a plus de barreaux au-dessous d'elle, et à une voix d'autant plus aiguë qu'il y a plus de barreaux par-dessus (vérifiez.)

4° La *clef fa* est exclusive aux voix de basses; la *clef sol* appartient aux voix de sopranos, et la *clef ut* est commune aux voix de ténors et contraltos : remarquez que les voix d'hommes ont leurs clefs aux n°s 4 et 3, et les voix de femmes aux n°s 2 et 1 (vérifiez sur les portées de cinq lignes, pages 15 et 16.)

5° De nos jours l'usage des clefs n'est plus ce qu'il a été. La *clef sol* au n° 2, celle du deuxième soprano, est employée pour écrire presque toute la musique vocale, pour quelque voix que l'on écrive; cependant, les morceaux de basse conservent encore assez souvent la *clef fa*. La *clef ut* se rencontre plus rarement encore pour la voix. Quant à ce qui regarde les instruments, ce n'est pas ici le lieu de nous en occuper; disons seulement que le piano emploie la *clef sol* au n° 3, pour la main droite, et la *clef fa*, au n° 7, pour la main gauche. — Et ici je ne puis m'empêcher de faire une simple observation sur l'inintelligence qui préside aux études musicales. En prenant pour le piano la première clef *fa* et la dernière clef *sol*, on avait l'*ut* à la même place pour les deux mains, et l'enfant qui commence l'étude si aride et si longue du piano, n'avait au moins qu'un alphabet unique pour les deux portées. Au lieu de cela on a pris la première *clef sol* qui place l'*ut* une tierce au-dessus de celui de la première *clef fa*, et l'on a ainsi décuplé la difficulté de la lecture pour le malheureux enfant dont on semble à plaisir augmenter la torture. — Mais tout ceci trouvera mieux sa place dans la *Comparaison des écritures musicales*, qui va faire le sujet de mes premières lettres.

Agréez, monsieur le Rédacteur, etc.

Émile Chevé.

Numérotage constant des lignes et des interlignes de la portée (renvoi de la page 14) :

No 10.

No 9. ————————————————

No 8.

No 7. ————————————————

No 6.

No 5. ————————————————

No 4.

No 3. ————————————————

No 2.

No 1. ————————————————

No 0.

No 1. (Page 8.)

(Les exemples 2, 3, 4, 5, sont à la page 11.)

No 6. (Page 10.)

PORTÉE GÉNÉRALE DES VOIX.

N° 7. (Page 11.)

Ce barreau qui passe au milieu de la clé se nomme UT.

FA UT SOL

Ce barreau qui passe au milieu de la clé s'appelle **SOL**.

Ce barreau qui passe entre les deux points se nomme **FA**.

N° 8. (Page 12.)

TABLEAU DES VOIX HUMAINES; LEUR RAPPORT AVEC LES CLÉS.

	VOIX D'HOMMES.				VOIX DE FEMMES.			
	VOIX DE BASSES.		VOIX DE TÉNORS.		VOIX DE CONTRALTOS		VOIX DE SOPRANOS.	
	1re	2me	2me	1re	1re	2me	2me	1re
Limites.	de 4̣ à 7	de 6̣ à 2̇	de 1 à 4̇	de 3 à 6̇	de 5̣ à 1̇	de 7̣ à 3̇	de 2 à 5̇	de 4 à 7̇
	si, ut, fa	ré, ut, la	fa, ut, ut	la, ut, mi	ut, ut, sol	mi, ut, si	sol, ut, re	si, ut, fa
	Basse	Baryton	Ténor ou Taille	Alto ou Haute-Contre	Contralto	2e Dessus ou 2e Sopr.	1er Dessus ou 1er Sopr.	Contre-Haut-Dessus

TRENTE-UNIÈME LETTRE.

Deux questions nous restent encore à examiner pour terminer la première partie de notre travail (nous renvoyons à la deuxième partie tout ce qui a trait à l'harmonie); ces deux questions sont relatives : 1° à l'écriture musicale; 2° aux exercices d'intonation et de mesure propres à chaque école. — Commençons par l'écriture musicale, nous jetterons ensuite un coup d'œil sur ces agglomérations indigestes que l'on nomme solfèges, et nous aurons soin de nous appesantir plus particulièrement sur ceux dont les auteurs jouissent d'une grande renommée et sur ceux qui sont imposés dans toutes les écoles, comme la méthode Wilhem. Nous allons encore une fois mettre le lecteur à même d'apprécier la science ou la bonne foi de tous *les faiseurs de rapports* et de tous ces hommes plus ou moins incompétents qui patronnent quand même cette malheureuse méthode parce que, disent-ils, M. Wilhem était un très-bon homme, ce qui ferait croire que ces messieurs n'admettent pas qu'un bon homme puisse écrire une mauvaise méthode. Mais venons au fait :

Et d'abord, combien d'idées principales l'écriture musicale est-elle appelée à exprimer? — *Trois.*

1° L'*intonation* ou *les sons;*

2° La *durée* affectée à chaque son ;

3° L'*expression* à donner à la musique.

Donc l'écriture musicale, appelée à rendre *trois idées principales*, doit présenter *trois séries de caractères :*

1° *Caractères* pour l'*intonation;*

2° *Caractères* pour les *durées;*

3° *Caractères* pour l'*expression* du chant.

Ceci est hors de toute contestation, quelque système d'écriture que l'on adopte; et la question de l'écriture musicale doit être traitée *au triple point de vue* de *l'intonation*, de *la durée* et de *l'expression*. Prendre le tout ensemble, englober ces trois choses différentes, c'est prouver qu'on ne comprend même pas l'exposé du problème, et que l'on est incapable de le résoudre; c'est perpétuer le chaos dans lequel se débat l'enseignement musical depuis si longtemps, et duquel J.-J. Rousseau lui même n'a pu le faire sortir (1).

---

(1) Et qu'on ne vienne pas ici nous taxer d'outrecuidance parce que nous avons la prétention d'atteindre un but que J.-J. Rousseau lui-même a manqué. — Venant cent ans après les travaux de Jean-Jacques, sur la musique, venant après Galin, nous avons l'avantage immense de profiter des travaux de ces deux grands hommes et de tout ce qui a été fait après eux dans la même voie. — D'ailleurs, à cette occasion, je ne peux m'empêcher de faire la réflexion suivante, dont la justesse est évidente pour tous ceux qui ont pris la peine d'étudier l'histoire du PROGRÈS dans quelque branche que ce soit des connaissances humaines.

Une idée est un levier, — fort, si elle est bonne, faible, si elle est mauvaise; — mais elle n'est qu'un levier.

L'homme qui pousse l'idée est la puissance appliquée au bras du levier; plus cet homme sera fort, plus l'action du levier sera grande, et réciproquement.

Mais, avec un levier et une puissance motrice, il manque, pour l'action, un troisième élément, sans lequel les deux autres sont absolument nuls : ce troisième élément, *c'est le point d'appui;* ces trois choses sont également indispensables au résultat. Que l'une des trois manque, et, je le répète. le résultat est nul.

Or, si l'idée est *le levier;* si le promoteur de l'idée est *la puissance* appliquée au levier, *quel est le point d'appui d'une idée!* —Evidemment, il n'y en a qu'un, il ne peut y en avoir qu'un : *c'est l'opinion publique.*

Eh bien! quelque féconde que soit une idée, quelque fort que soit le promoteur, si cette idée n'est connue de personne, ou si elle n'est connue que d'un petit nombre d'adeptes, le puissant levier et le bras qui le met en mouvement ne pourront surmonter aucune résistance, *puisque le point d'appui manque,* ou puisqu'il est d'une faiblesse telle qu'il s'affaisse sous l'effort, et cela d'autant plus vite que le levier est plus puissant. — Mais qu'une idée soit au contraire répandue dans les masses, qu'elle soit presque universellement connue, en un mot, qu'elle soit dans l'opinion publique; à l'instant le point d'appui devient tellement solide que, quel que soit le levier, quelle que soit la main qui le meut, un résultat est produit, — et, si le levier est puissant et la main forte, le résultat est immense.

Voilà pourquoi les novateurs ont presque toujours échoué, pourquoi leurs successeurs, quoique beaucoup moins forts qu'eux, réussissent plus tard : les premiers manquaient de point d'appui, les seconds en ont un. Voilà encore pourquoi, en même temps que des génies de première trempe meurent dans l'impuissance, voilà pourquoi, dis-je, on voit des têtes de septième ordre, de véritables crétins, réussir pendant quelque temps, même avec une idée mauvaise. Les premiers, qui ont la conscience de leur force et de la puissance de leur idée, ne sentent pas

Cela posé, et avant d'entrer en matière, faisons une observation préliminaire très-importante. Par cela même que le chanteur est obligé d'obéir à trois injonctions simultanées : — *son, durée, expression*, — il faut de toute nécessité qu'il soit averti *très-rapidement* et *très-clairement* de ce qu'on lui demande ; et cette nécessité est d'autant plus impérieuse, qu'on ne lui donne pas, comme à celui qui lit une langue, le temps de la réflexion. Ce dernier, en effet, quand il rencontre un mot dont il n'a pas l'habitude, ou une phrase confuse, peut, à son gré, ralentir sa lecture et prendre le temps de la réflexion ; tandis que le lecteur musicien est dans un cas bien différent : il faut qu'il donne *l'intoantion*, *la durée* et *l'expression*, dans un temps limité, *dans un temps déterminé d'une manière absolue*, et auquel il doit se soumettre. S'il lit surtout de la musique d'ensemble, la moindre hésitation, le moindre ralentissement, lui sont absolument interdits. — Pour la musique vocale, il faut ajouter encore la difficulté de lire les paroles en même temps que la musique. — Ceci est l'expression simple et vraie de ce qui est. — Il est donc

---

assez le manque de point d'appui, ou, s'ils le sentent, ils ne peuvent ou ne veulent pas employer les moyens qui, en civilisation, conduisent vite à se former *ce point d'appui*, sans lequel on ne peut rien. Les seconds, au contraire, qui ont la conscience intime de la faiblesse de leurs moyens, sentent bien que le point d'appui peut seul leur donner une valeur, et, comme la dignité personnelle ne les gêne guère, à force de roueries, de bassesses, d'hypocrisie, et souvent de corruption, ils parviennent à se faire patroner par un certain nombre de ces *faiseurs* que l'on trouve partout; puis, habilement aidés par quelques compères, aussi démoralisés qu'eux, ils arrivent enfin à se procurer des rapports officiels, avec lesquels ils dominent toute cette masse non pensante, qui, soit paresse, soit impuissance de juger par elle-même, soit manque de temps pour le faire, accepte de confiance le jugement d'une académie, d'une commission, et surtout de son conseiller quotidien, de son journal !... C'est ainsi que tant de mauvaises idées, d'idées nuisibles à la société, sont mises en pratique : c'est ainsi que l'on voit arriver le crétin intrigant, que le succès proclame un grand homme ! C'est ainsi que l'on voit échouer l'homme de génie, et qu'on le voit tomber au bruit des sifflets de la foule, sous les basses calomnies des exploitateurs intéressés à sa chute !

Voilà l'histoire du progrès, depuis Socrate jusqu'à Jésus-Christ; depuis Christophe Colomb, Galilée et Jean de Caus, jusqu'à Fourier : voilà l'histoire de tous les siècles !

de la dernière importance que les signes écrits de la musique parlent vite et soient vite compris, puisque *le lecteur musicien* doit *lire trois idées de front*, s'il est instrumentiste, *quatre* s'il est vocaliste, et qu'il doit le faire dans un temps déterminé, *avec une vitesse imposée.*

De cette observation préliminaire découle cette conséquence : la lecture musicale étant une opération éminemment complexe, et partant, fort difficile, les signes écrits de la musique doivent être aussi *simples,* aussi *clairs,* aussi *précis* et aussi *peu nombreux* que possible. Pour que le lecteur *lise vite,* il faut des *signes simples* et *peu nombreux;* pour qu'il *lise correctement* et *sûrement,* il faut des *signes clairs, précis, catégoriques, sans aucune ambiguité possible;* IL NE FAUT PAS QUE LA MÊME IDÉE PUISSE ÊTRE REPRÉSENTÉE PAR PLUSIEURS SIGNES ; IL NE FAUT PAS — SURTOUT — QUE LE MÊME SIGNE PUISSE REPRÉSENTER PLUSIEURS IDÉES. Autrement la lecture rapide devient impossible, puisqu'à chaque pas le lecteur est arrêté pour reconnaître la même idée sous des signes différents, ou pour deviner l'idée particulière que représente le signe dans le cas présent.

J'ajoute une dernière observation : l'instrument vocal, le larynx, étant un don de Dieu et constituant l'apanage de chacun et de tous, petits et grands, ignorants et savants, pauvres et riches, l'écriture musicale, *pour devenir véritablement une écriture universelle,* doit évidemment répondre à cette triple nécessité *d'être accessible à tous les âges, à toutes les intelligences,* et enfin *à toutes les bourses.* — Pour atteindre son but, il faut que l'écriture musicale soit tout cela ; elle ne peut être rien moins que cela, ou bien elle le manque. Ces prémisses sont si simples, si claires, qu'il n'est personne qui ne les comprenne; elles sont si justes qu'il n'est personne qui puisse les repousser. L'écriture musicale qui en approchera le plus sera la meilleure; celle qui s'en écartera le plus sera la plus mauvaise. Analysons maintenant le système d'écriture admis partout, et celui que nous proposons de lui substituer; le lecteur sera ainsi mis en mesure de juger et de prononcer avec pleine connaissance de cause. Entrons donc en matière, et commençons par mettre sous les yeux du lecteur le canevas général des diverses idées que doit exprimer l'écriture musicale.

TABLEAU SYNOPTIQUE

Des Conditions à remplir par l'Écriture musicale.

L'ÉCRITURE MUSICALE doit indiquer d'une manière ***simple***, ***claire***, ***précise***, accessible ***à tous les âges, à toutes les intelligences et à toutes les bourses.***	1° ***L'Intonation.*** Elle comporte tout ce qui a trait	aux modes. aux tons. aux modulations. aux voix et aux instruments.
	2° ***La Durée.*** Elle comporte tout ce qui a trait	au temps et à ses divisions. aux mesures. au rhythme.
	3° ***L'Expression.*** Elle comporte tout ce qui a trait	à l'émission du son. à la force du son. au mouvement. aux fioritures.

Voilà, je crois, la question posée d'une manière nette et précise. Etudions-la donc maintenant au triple point de vue de *l'intonation, de la durée et de l'expression;* commençons par l'intonation : ce sera le sujet de ma prochaine lettre.

Agréez, Monsieur le Rédacteur, etc.

EMILE CHEVÉ.

DES SIGNES D'INTONATION.

TRENTE-DEUXIÈME LETTRE.

Comme intonation, et abstraction faite de la durée et de l'expression, quelles sont les idées à rendre par l'écriture musicale? La réponse nous est maintenant facile; il faut pouvoir exprimer clairement et simplement :

1° *Les cinq modes* qui constituent notre système musical, avec leurs diverses octaves;

2° *Les tonalités* diverses auxquelles le compositeur emploie ces divers modes;

3° *Les modulations* qu'il plaît au compositeur d'introduire dans ses compositions;

4° Enfin, *l'espèce de voix* ou *l'espèce d'instrument* pour laquelle est écrite la musique.

Les tons n'étant que les hauteurs variées auxquelles on chante les *modes*, et les *modulations* n'étant que les changements de tons ou de modes, le fait capital ici est le *mode;* tout le reste n'est que secondaire. C'est donc surtout l'idée du *mode* qui doit dominer dans l'écriture de l'intonation. Commençons donc par les modes, et, pour un instant, laissons de côté tout ce qui est relatif aux tons, aux modulations, aux voix et aux instruments. Nous reprendrons cela plus tard.

Or, qu'est-ce que les modes? *Les modes sont des airs absolus*, composés d'un certain nombre de *sons superposés*, marquant avec le *point de départ*, *toujours arbitraire*, des rapports fixes de distance, et formant ainsi une véritable *échelle sonore*, (passez-moi encore le mot) dont chacun d'eux est un échelon fixe. Ce fait rappelé à la mémoire du lecteur, que doit exprimer l'écriture musicale sous les rapports des *modes?* — Chacun répond : Les *échelons sonores* formant une série, une *hiérarchie numérique*, l'écriture doit indiquer nettement au lecteur cette idée de hiérarchisation, et doit lui désigner l'*échelon sonore* que réclame le compositeur, et cela sans obscurité, sans la moindre ambiguïté possible.

Eh bien! le *mode majeur*, le mode primordial, le mode principal de notre système, étant composé de *huit* échelons superposés, à distances invariables, quel est le système qui peint le mieux à *l'esprit* cette idée de rapports fixes, formant une série numérique du premier au huitième, avec cette particularité que le huitième devient le point de départ d'une seconde série, semblable à la première, que le quinzième sert de base à une troisième série, etc. Posez cette question à une réunion de gens de bon sens, à une réunion d'enfants, si vous le voulez, mais d'enfants vierges de tout préjugé sur cette question, et dont le jugement n'ait pas encore été faussé; d'enfants sachant tout simplement lire et écrire, et voici la réponse unanime que vous recevrez des grands comme des petits : « Puisque vous voulez indiquer *vivement* et *nettement* » au lecteur le *premier*, le *deuxième*, le *troisième*, le *quatrième*, » le *cinquième*, le *sixième* et le *septième* barreau de votre » série qui n'en a que sept, il faut prendre les signes connus » de tout le monde et acceptés par tous pour exprimer ces » sept idées; c'est-à-dire, il faut prendre les sept premiers

» chiffres, les seuls signes qui signifient précisément cela, » qui ne peuvent signifier que cela, que tout le monde con» naît et que personne ne peut confondre entre eux. »

S'il est vrai, en effet, que les degrés du mode majeur ne soientque les échelons d'une échelle à sept barreaux, il est *absolument* vrai que le meilleur signe, pour les désigner à l'intelligence est le numéro même de chaque échelon; théoriquement parlant, le fait ne peut être contesté (et tout à l'heure nous verrons que la pratique vient confirmer la théorie); personne ne comprendra en effet qu'il y ait un meilleur moyen *de désigner un numéro* que *par le numéro lui-même.* — Et ne méprisez pas le jugement des enfants, *ô grands savants!* le Sauveur du monde l'a dit : « *La vérité sort de la bouche des enfants...* » C'est que les enfants ne sont encore que l'œuvre de Dieu, et que les hommes sont l'œuvre de Dieu *perfectionnée* par *l'éducation* humaine.

Les enfants appliqueront donc unanimement les chiffres à l'indication des échelons de la gamme, et quand on leur aura appris que la série des sept échelons se répète plusieurs fois, *mais toujours identiquement la même*, ils imagineront un moyen quelconque (là n'est pas la question pour le moment) de distinguer les diverses séries entre elles. — Mais, vont s'écrier les prétendus philosophes, ces grands mangeurs d'analyse et de synthèse : « La production des intervalles » musicaux demandant que la voix aille continuellement de » bas en haut et de haut en bas, la portée musicale *parle à* » *l'œil, peint l'idée à l'œil,* tandis que le chiffre ne le fait pas; » donc la portée vaut beaucoup mieux que le chiffre. »

Voilà leur grand argument lâché; examinons un peu ce qu'il vaut.

Et d'abord, s'il ne s'agissait pour le chanteur *que de monter* et *de descendre, peu importe de combien*, — MONTER, DESCENDRE; — ou s'il s'agissait *de monter* et *de descendre* d'une *quantité* TOUJOURS LA MÊME, de manière que ces deux mots, — *monter, descendre,* — exprimassent des idées spéciales, déterminées, et non pas les idées vagues et générales de monter et de descendre; dans ces deux hypothèses, dis-je, la portée serait bonne, parce qu'elle indiquerait précisément ce que l'on demande; mais il n'en est pas ainsi; *il ne s'agit pas seulement* pour le chanteur *de monter ou de descendre;* mais bien *de monter et de descendre d'une quantité* PERPÉTUELLEMENT VARIABLE et *qu'il lui faut mesurer instantanément*, sous peine de chanter faux. Si la portée ne parle pas ainsi, elle manque son but, et si le chiffre le fait, il vaut mieux qu'elle. Examinons donc ces deux alphabets et commençons par la portée (1).

Deux hypothèses se présentent ici :

1° La portée n'emploie qu'une clef unique, toujours la même; ou bien,

2° Elle emploie plusieurs clefs.

Dans les deux cas, on peut écrire *le mode seul*, sans se préoccuper du ton, ou bien l'on écrit les deux en même temps, *le mode et le ton.*

PORTÉE A CLEF UNIQUE. — Si la portée n'emploie qu'une seule clef, c'est-à-dire si le même barreau porte toujours le même nom, il faut distinguer le cas dans lequel on n'écrit que le mode seul, de celui où l'on écrit à la fois le mode et le ton.

Premier cas. — Quand la portée n'écrit que le mode seul et qu'elle ne se sert que d'une clef unique, elle n'est pas mau-

---

(1) Il est bien entendu qu'en examinant l'écriture musicale, je ne vais m'occuper que de celle qui est en usage partout et de celle que nous proposons de lui substituer dans un grand nombre de cas.

Le lecteur connaît assez maintenant notre manière de faire, pour être certain d'avance que nous n'allons pas remonter aux Romains, aux Grecs et aux Chinois. — Nous trouvons notre tâche bien assez lourde sans cela. D'ailleurs, dans notre conviction profonde, rien n'est plus nuisible à la propagation *de la vraie science* que ce débordement à tout propos de citations plus saugrenues les unes que les autres, qui ont le tort immense de détourner l'attention du lecteur de ce qu'il a le plus d'intérêt à connaître, et qui ne prouvent vraiment qu'une chose : c'est que l'auteur des citations sait lire et copier avec plus ou moins de bon sens. — Voilà tout.

Pour moi, il n'y a que deux systèmes d'écriture.

1° Celui qui parle par *la forme fixe de ses caractères :* le chiffre en est l'expression la plus parfaite, c'est pour cela que nous l'adoptons de préférence à tous les autres.

2° Celui qui parle plus *haut et plus bas :* la portée musicale.

Quant aux systèmes *mixtes*, comme presque tout ce qui est *hybride*, ils sont absolument stériles.

A d'autres donc le soin d'exhumer les Grecs et les Romains : nous croyons avoir quelque chose de plus utile à faire.

vaise, parce que l'œil finit par regarder chaque barreau et chaque interligne comme le représentant fixe, absolu, de tel degré de l'échelle, comme indiquant le premier, le quatrième, le sixième, etc., échelon de telle ou telle série. *L'œil lit la hauteur absolue des points écrits* sur la portée, et ne cherche nullement à *apprécier leurs rapports réciproques.* Mais, même dans ce cas restreint, on ne peut pas dire que la portée soit une écriture parfaite, puisqu'elle a le grave inconvénient de préjuger une question importante et de la préjuger à faux : avec ses barreaux *également distancés, elle peint à l'œil l'intervalle mineur de la même manière que l'intervalle majeur.* La pratique fait passer par-dessus cet inconvénient comme pardessus tant d'autres; mais la faute d'écriture n'en existe pas moins. Le chiffre, au contraire, *indiquant le numérotage* du *degré sonore* et *n'indiquant que cela,* ne préjuge rien, ne fausse rien et laisse au chanteur le soin de produire, comme il convient, le son demandé; il se contente de le lui indiquer d'une manière nette et précise.

Deuxième cas. — Quand la portée à clef unique sert à écrire simultanément *le mode* et *le ton,* comme cela a lieu pour tous les chanteurs qui ne se servent que de la clef *sol,* par exemple, elle n'offre plus seulement une légère imperfection, elle devient radicalement vicieuse. L'absence de la tonalité sur la portée, laissait le lecteur parfaitement tranquille sur la signification des barreaux et des interlignes : le même barreau ou le même interligne représentant toujours le même échelon de son mode, *la tonique, la dominante, la sensible,* etc. Présentée ainsi, l'écriture sur la portée se lit très-facilement : mais la présence de l'armure, indicatrice du ton, vient tout brouiller, tout pervertir. Le barreau qui, tout à l'heure, représentait le premier échelon de la gamme, va maintenant représenter successivement le 5e, le 2e, le 6e, le 3e, le 7e, le 4e, pour les armures par bémols; puis le 4e, le 7e, le 3e, le 6e, le 2e et le 5e, pour les armures par dièses. — Et ainsi de chacun des autres barreaux. — Voilà un bouleversement complet; voilà toute idée de numérotage absolument détruite, et le lecteur réduit aux abois. Il se trouve dans l'alternative forcée : 1° *d'avoir recours à une autre clef* pour éviter les dièses et les bémols, et alors il perd l'immense bénéfice de la clef unique; 2° ou bien, s'il veut conserver ce bénéfice (ce qu'il ne fait pas réellement, puisque les barreaux changent de propriété à chaque armure nouvelle), *il lui faut chanter les dièses ou les bémols du ton marqué,* et il perd alors le plus grand de tous les avantages : IL N'A PLUS L'UNITÉ DE LANGUE POUR SON MODE.

Dans le premier cas (lorsqu'il transpose), ne pouvant plus appliquer *des noms absolus aux barreaux,* il est obligé de lire *en mesurant perpétuellement le rapport de chaque barreau au barreau tonique,* opération tellement difficile, surtout quand il faut lire la mesure en même temps, que très-peu de musiciens arrivent à la faire complètement, et avec une égale facilité pour tous les cas.

Dans le second cas, quand on lit avec les dièses ou les bémols du ton marqué, la lecture devient encore bien plus difficile; et elle le devient quelquefois à tel point, que sur cent personnes qui entreprennent l'étude du solfége, il n'y en a pas cinq, peut-être pas deux, qui atteignent ce but d'une manière un peu passable, et qui lisent avec la même facilité, je dirai avec la même indifférence, le ton de *la bémol,* le ton de *si,* le ton de *mi,* et le ton d'*ut.* — Cela est su de tout le monde. — Or, qu'est-ce qu'une écriture qui ne présente pas toujours les mêmes mots avec le même degré de facilité de lecture, qui, la plupart du temps, est illisible pour le plus grand nombre des lecteurs, et enfin, *qui rend d'une manière si complexe, si embrouillée, si difficile, une idée aussi simple que le numérotage de sept échelons superposés d'une manière invariable,* avec un point de départ variable à l'infini?... — Oh! cette écriture est éminemment vicieuse : nul ne peut le nier.

Et encore, les barreaux qui, dites-vous, peignent l'idée par leur superposition, savez-vous, Messieurs de la portée, ce qu'ils disent quelque fois? Juste le contraire de ce qui est. Demandez à quelqu'un de vous dire lequel des deux doit représenter le son le plus aigu, du *ré bémol* placé *au-dessus,* ou de l'*ut dièse* placé *au-dessous.* — Il vous répondra que c'est le *ré bémol,* CAR IL EST ÉCRIT AU-DESSUS DE L'UT DIÈSE; et il se trompera, puisque l'*ut* dièse est plus aigu que le *re* bémol. Allez plus loin : montrez-lui un *mi double bémol,* écrit une tierce au-dessus de l'*ut double dièse,* il vous dira : le premier est de cbeauoup plus aigu que le second; et il se trompera encore; car le *mi double bémol* est plus grave que l'*ut double dièse*, etc., etc.

Il est clair que tous les défenseurs de la portée, qu'ils se disent ou non des analystes ou des synthétistes, comme M. Fétis, n'ont rien analysé, rien étudié, ou qu'ils ignorent la théorie des modes et des tons. C'est l'un ou l'autre, car je ne puis les accuser de mauvaise foi; et admettre qu'ils soutiennent sciemment une mauvaise écriture, pour rendre la musique inabordable à la masse des élèves, ou pour en prolonger indéfiniment l'étude.

Examinons maintenant le cas de la portée à clefs multiples; mais cette question, demandant d'assez longs développements, nous entraînerait trop loin pour cette lettre; remettons-la donc à la suivante.

Agréez, Monsieur le Rédacteur, etc.

Émile CHEVÉ.

TRENTE-TROISIÈME LETTRE.

Dans ma dernière lettre j'ai examiné, *au point de vue de l'intonation seulement*, la portée à clef unique, avec ou sans armure. Reprenons aujourd'hui la question au point où je l'ai laissée; étudions la portée à clefs multiples, telle que l'on a eu le malheur de la faire pour les voix; en un mot, la portée générale.

Portée a clefs multiples. Quand la portée emploie plusieurs clefs, c'est-à-dire *quand les barreaux ne portent plus des noms absolus*, et que *le même barreau porte successivement les* sept noms ut, ré, mi, fa, sol, la, si, selon la clef employée, *la portée est toujours mauvaise*, et tellement mauvaise que, je le répète, *très-peu de musiciens lisent également bien les sept clefs*. Ceux qui en lisent *deux*, *trois* ou *quatre*, n'arrivent à ce résultat que par un travail long et pénible, et ils ne parviennent à les lire rapidement que quand une habitude immense leur donne la faculté de *lire chaque clef comme s'ils n'en connaissaient qu'une*, c'est-à-dire, en attribuant, pour chaque clef, un nom absolu à chaque barreau et à chaque interligne : en un mot, *en changeant chaque fois la signification de leur alphabet!* Ils ne lisent pas *par les rapports*, l'opération serait trop lente (1). Aussi, chaque nouvelle clef dont ils veulent ajouter la connaissance à celles qu'ils lisent déjà, leur coûte un travail d'autant plus grand, qu'ils en lisent déjà un plus grand nombre. Ce fait, qui n'est contesté par personne, est un argument écrasant contre la portée à clefs multiples.

En effet, si la portée parlait à l'œil aussi clairement et aussi nettement que le prétendent ses défenseurs, *elle serait également facile à lire avec toutes les clefs*, et celui qui en saurait lire une, *et par cela même*, devrait lire toutes les autres, *car toutes les clefs parlent de la même manière à l'œil*; TOUTES LUI PEIGNENT LES INTERVALLES D'UNE MANIÈRE IDENTIQUE. Eh bien, c'est précisément le contraire qui a lieu : mieux on lit une ou deux clefs, plus on a de peine à les lire toutes, surtout avec la même facilité : ce n'est qu'en oubliant les premières que l'on peut lire la dernière. C'est qu'en effet, le seul moyen de parvenir à lire avec la même facilité toutes les clefs, *c'est*

(1) J'entends d'ici les ergoteurs (tous ces *gardiens de harem* qui, sentant leur impuissance à produire, ne semblent dévorés que du besoin d'empêcher les autres de le faire) s'écrier avec joie : « Vous voilà pris en » flagrant délit de contradiction avec vous-même ; vous voulez qu'on » lise par les *rapports* et vous déclarez que la lecture par les rapports » ne pourra jamais permettre la même rapidité que celle par les noms » absolus des barreaux. » — Eh ! mon Dieu, oui, messieurs, nous lisons par les rapports et nous continuerons de le faire tant que nous n'aurons pas détruit votre absurde écriture vocale. Et voulez-vous savoir pourquoi nous faisons cela ? Le voici : Nous préférons l'*inconvénient de lire lentement*, MAIS CORRECTEMENT, *toute la musique qui existe sur quelque clef et dans quelque ton qu'elle soit écrite*, à la faculté *de lire à la course* les seuls airs en *ut* en *sol* et en *fa*, écrits sur la *seule* clef de *sol*; mais *avec l'inconvénient*, BIEN AUTREMENT GRAVE, *de ne plus lire qu'en trébuchant et en faussant à chaque pas, tous les airs écrits dans une tonalité avancée, et même* A NE PAS LIRE DU TOUT *la musique écrite sur une autre clef.* — Je parle toujours pour le grand nombre. — Placés par votre absurde écriture, dans l'alternative de *ne lire que peu de chose, si nous voulons lire vite*, ou de *ne lire que lentement si nous voulons lire tout*, nous choisissons la seconde alternative. — Entre deux choses mauvaises, nous optons pour la moins mauvaise. — En quoi manquons-nous donc de logique ? — C'est vous qui manquez de science et de bon sens, en restant dans l'impasse où vous êtes engagés depuis si longtemps.

de lire par les rapports et non par les noms absolus. Or, en lisant par les *rapports*, on n'arrivera jamais à lire avec une extrême rapidité; d'un autre côté, en lisant par les *noms absolus*, on n'arrivera jamais (je parle de la masse) à lire toutes les clefs; personne ne peut contester cela. Donc la portée à clefs multiples, même en ne supposant pas d'armure, est radicalement mauvaise, et c'est pour cela que je la rejette d'une manière absolue pour la voix. *Plus de portée pour la musique vocale si l'on veut qu'elle devienne universelle!*

Ce que je viens de dire s'applique aux clefs multiples, dépouillées de toute espèce d'armure; mais la lecture devient véritablement une opération inabordable pour presque tous, quand, aux sept clefs, l'on ajoute l'affreuse complication des sept armures par dièses et des sept armures par bémols. Pas un homme de bonne foi ne contestera ce fait; et, il faut le dire, c'est à *cette difficulté presque insurmontable* POUR LA TRÈS-GRANDE MAJORITÉ DES LECTEURS, *de lire intégralement toute l'écriture musicale*, qu'est dû l'abandon de la plupart des clefs, comme de la plupart des mesures : il n'y a pas d'autres motifs de cette mutilation de l'écriture musicale par ses plus dévoués et par ses plus aveugles admirateurs, *qui sont les premiers à ne pouvoir la lire complètement*. Belle écriture, vraiment, que celle que ses adeptes eux-mêmes ne peuvent lire qu'en partie et dans certains cas déterminés, même quand ils ont passé leur vie à l'étudier, même quand ils se nomment M. Fétis ou M. Panseron (1)! Et encore, je ne parle ici que

(1) Voici une citation curieuse empruntée à un homme que l'on n'accusera ni d'incompétence en matière *de lecture musicale*, ni de mauvais vouloir contre la *portée*. On lit, page 54 du *solfége d'artiste* de M. A. PANSERON (c'est-à-dire dans celui de ses solféges qui s'adresse aux élèves qui veulent parfaire leur éducation musicale; à ceux qui, à une pratique déjà fort longue, joignent des dispositions naturelles; en un mot, *dans celui de ses livres qui s'adresse aux plus forts*) : « Dans la lecture musicale, ce qu'il y a de plus difficile ce sont les intervalles disjoints et » *par conséquent* de plus facile les intervalles conjoints... et *lorsque la* » *mélodie se trouve en intervalles disjoints*, JE METS LE NOM DES » NOTES AU-DESSUS; mais, lors des intervalles conjoints, je me » dispense de cette précaution, ce soin m'a parfaitement réussi dans » mes cours. »

Ecrire le nom des notes au-dessus!... Honneur à l'écriture musicale!... Celui qui travaille depuis quatre ou cinq ans; celui qui a pu arriver

de la musique *gravée*, c'est-à-dire de la musique aussi lisible et aussi claire qu'elle puisse l'être. Mais ajoutez à ce je viens de dire les imperfections inhérentes *à l'écriture à la main*, et vous serez effrayé de l'immense difficulté de lire la musique manuscrite, *dans l'intégralité complète du système,* avec tout son luxe de clefs, d'armures, de barreaux supplémentaires, de mesures variées; le tout couronné des ratures et des corrections que peut y apporter un compositeur pressé ou un copiste mal habile!

Et puis encore, la portée parle à l'œil, dites-vous, parce que l'on voit un point placé audessus ou au-dessous du point précédent. — Il est vrai, en effet, que l'œil voit fort bien que le chant monte et que le chant descend; mais encore une fois, cela suffit-il? — Est-ce l'œil qui commande à l'appareil vocal? Non; l'œil n'est qu'un simple agent de transmission, rien de plus. — A la volonté seule appartient le commandement. Or, pour que *la volonté s'exerce avec convenance*, il faut qu'elle soit suffisamment éclairée par l'intelligence; *autrement elle agit en casse-cou.* Ce n'est donc pas à l'œil qu'il s'agit de parler, mais bien à l'intelligence, *par l'intermédiaire de l'œil ou de tout autre agent.* — Or, le chiffre, par sa forme fixe, absolue, s'en va, par l'œil aussi, tout droit à l'intelligence; il y va *très-vite* et *très-nettement*. Il n'est pas un lecteur, en effet, qui ait besoin de la moindre réflexion pour reconnaître et apprécier un chiffre; pour distinguer un 3 d'un 4, un 5 d'un 6, etc.; nul nepeut contester ce fait. Le signe parle

---

jusqu'au solfége d'artiste, point auquel n'arrivent qu'un fort petit nombre de ceux qui tentent l'étude du solfége; celui-là, dis-je, n'a plus besoin que d'une toute petite précaution pour pouvoir reconnaître ses notes sur la portée : *C'est d'écrire tout simplement* — EN TOUTES LETTRES — *le nom de chaque note au-dessus du point qui* LA PEINT SI BIEN A L'OEIL!... Quel est donc l'adversaire de l'écriture musicale actuelle qui ait jamais porté contre elle une accusation plus foudroyante? Un alphabet qui, *pour être lu couramment par des élèves de quatre ans d'étude*, a besoin *que l'on écrive un mot au-dessus de chaque lettre pour en rappeler le nom!...* Et les hommes qui proposent ce moyen, soutiennent encore la portée! et on les écoute! et l'Institut approuve leurs livres; il les patronne!...

Ah! le poète a bien raison :

« Le vrai peut quelquefois n'être pas vraisemblable. »

donc ici directement à l'intelligence, avec toute la lucidité et toute la rapidité imaginables. Que fait au contraire la portée à clefs multiples et à tonalités perpétuellement variables?... Elle peint à l'œil *une image qui peut représenter* VINGT IDÉES DIFFÉRENTES, ou bien, *elle représente* LA MÊME IDÉE SOUS 840 FORMES ou conventions différentes (1). C'est-à-dire que l'intelligence est prévenue d'une manière si générale, si vague, et quelque fois si contraire de ce qu'on lui demande, qu'il lui faut presque toujours un travail plus ou moins long pour comprendre. Or, dans ce cas, de deux choses l'une : 1° ou *le lecteur veut lire vite*, et comme il ne sait pas exactement ce qu'on lui demande, *il agit au hasard et commet perpétuellement les fautes les plus grossières*; 2° ou *le lecteur veut lire correctement*, et alors il lui faut le temps de comprendre ce qu'on lui présente d'une manière confuse, et *il ne peut lire que lentement*. La portée à clefs multiples et à armures mul-

---

(1) En doutez-vous, messieurs les savants! — Ecoutez: voici un mot musical | 1 5 | composé de *tonique* et *dominante*, et formant une mesure à deux temps. Sur ces deux notes je chante le mot *bon jour*. — Dans quelque ton qu'il soit chanté, quelque soit le mouvement, par quelque voix qu'il soit rendu, il n'a dans notre système que cette expression unique | 1 5 | ; or, voici la traduction de ce simple mot sur la portée :

1° Sans atteindre aux double dièses ni aux doubles bémols, il peut être écrit dans QUINZE *tons différents*, soit... *quinze* mots.

2° *Chacun* des *quinze* tons peut être écrit sur les *sept clefs*, soit *sept fois quinze* ou... *cent cinq* expressions du même mot | 1 5 |.

3° Enfin, grâce encore à votre ingénieuse idée d'avoir *huit manières d'écrire l'unité de durée*, vous aurez *huit manières* aussi *d'écrire chacune des cent cinq formes* déjà obtenues par la combinaison des quinze tons avec les sept clefs, ce qui vous donnera le résultat monstrueux de *huit fois cent cinq*, ou HUIT CENT QUARANTE MANIÈRES *d'écrire sur votre portée le simple mot* | 1 5 |. Et ceux qui écrivent ainsi se moquent des Chinois... Et M. Fétis, le philosophe qui a tout *analysé*, M. Fétis qui a écrit : « Quand j'ai étudié quelque chose de relatif à la « musique, *j'en sais tout ce qu'on peut en savoir*; » ce même M. Fétis a écrit aussi : « *L'écriture musicale actuelle a atteint la perfection relative.* » — *Relative*, sans doute à la *perfection de votre système musical*. — Ah! vous avez parfaitement raison, et, sur ce point du moins, nous sommes pleinement d'accord.

Lecteur, faut-il encore, oui ou non, conserver l'écriture musicale actuelle?

tiples est donc bien moins bonne que le chiffre, qui parle toujours avec une clarté parfaite.

Et n'allez pas vous récrier, messieurs les avaleurs de notes, sur ce que vous lisez avec une rapidité telle qu'il faut bien que vous compreniez de suite, car vous n'avez pas le temps de la réflexion! Cela est vrai, bien qu'à chaque instant vous oubliiez cependant un dièse, un bémol, ou un bécarre, et que vous estropiiez la mesure; mais distinguons un peu : — Vous lisez très-vite, cela est incontestable, *mais seulement quand vous lisez toujours avec la même clef, ou avec les deux mêmes clefs,* parce qu'alors, comme nous l'avons vu, *la portée parle à votre intelligence à la manière du chiffre,* par le nom absolu de ses barreaux. Et la preuve que c'est bien cela, c'est que le lecteur qui nous aura frappés d'étonnement par la rapidité de sa lecture, *quand il lisait sur la clef qu'il connaît,* ânonera comme un écolier de huit jours, quand on lui présentera une clef dont il n'a pas l'habitude; et même souvent alors, il ne lira pas du tout. Est-ce que la portée ne parle plus à ses yeux alors? Est-ce qu'elle ne peint plus l'image? Est-ce qu'on ne voit plus *que le chant monte et que le chant descend?* — Si fait; tout cela existe comme avant, mais la portée ne *parle plus clairement à l'intelligence du lecteur* qui, ne comprenant pas vite, ne peut lire vite? — Répondez à cela.

Mais, diront encore les amants aveugles de la portée, puisque vous convenez qu'en ne se servant que d'une seule clef on peut lire extrêmement vite, pourquoi voulez-vous que le vocaliste (et surtout le peuple qui n'en doit pas faire son métier) en lise plusieurs? — Et d'abord, si le vocaliste et le peuple ne savent lire qu'une clef, ils sont privés à tout jamais de lire les chefs-d'œuvres des siècles passés, qui sont écrits sur plusieurs clefs, et le reproche que vous nous adressez niaisement, de vouloir sacrifier toute la musique écrite jusqu'à ce jour, retombe sur vous de tout son poids. Pour l'éviter, vous en êtes réduits à transporter toute l'ancienne musique à plusieurs clefs, sur la clef unique que vous adopteriez. *Point de traduction, point de lecture pour 999 Français sur 1000?* Qui est-ce qui lit aujourd'hui Palestrina, Marcello, etc.? Traduisez donc, ou la masse ne lira pas : il n'y a pas de milieu.

En second lieu, non-seulement le peuple ne lira jamais couramment qu'une seule clef, en admettant qu'il le fasse;

mais encore il ne lira jamais non plus correctement qu'un fort petit nombre de tons. Je porte le défi le plus formel à tous les musiciens *qui professent autre chose que la théorie des rapports*, de prendre *au hasard* cent personnes et de les conduire en *un an*, en *deux ans*, en *trois ans*, à lire correctement dans tous les tons. — Je ne pense pas qu'un seul homme sérieux ose relever ce défi. — Eh bien, *la lecture devant nécessairement être accessible à tous*, force vous sera donc, non-seulement de ramener toutes les clefs à une seule, c'est-à-dire de *traduire;* mais encore *de ramener tous les tons à un seul pour chaque mode*, c'est-à-dire de *faire une seconde traduction.* Et puis enfin, comme nous le verrons un peu plus loin, de faire une *troisième traduction* pour ramener toutes les formes de la même mesure à un type unique. — *Ces trois traductions sont de toute rigueur pour toute écriture qui aspire à être lue par tout le monde.*

Et la chose ne s'applique plus ici seulement à la musique des siècles passés; mais encore à celle du présent et à celle de l'avenir, si l'on persistait, quand même, à rester dans la voie absurde du son absolu.

Vous voyez donc bien que vous ne pouvez conserver votre écriture pour le peuple qu'à la *triple* condition de mutiler encore votre système, déjà si mutilé, en ramenant toute la musique à *l'unité* DE TON, DE MESURE et DE CLEF. C'est-à-dire *en prenant une écriture autre que la vôtre.* — *Et c'est parce qu'il y a nécessité absolue de traduire, pour atteindre le but, que nous proposons de le faire; mais en profitant de tous les perfectionnements consacrés par la pratique, afin de réaliser* **LA PLUS GRANDE ÉCONOMIE D'ARGENT POUR L'ACHETEUR, DE TEMPS POUR L'ÉLÈVE,** et **SURTOUT EN FAISANT ATTEINDRE LE BUT AU PLUS GRAND NOMBRE,** *qui l'a manqué jusqu'à ce jour.*

Eh bien, soit, diront les *chiffrophobes*, notre écriture est mauvaise; mais plutôt que d'adopter vos affreux chiffres, dont la vue seule nous donne la migraine, nous préférons modifier cette écriture; la refondre en entier, nous aimons mieux tout ramener à une seule clé, à un seul type pour chaque mode et à un type unique pour chaque mesure : nous écrirons comme vous l'avez proposé, *la tonique majeure toujours sur le même barreau; nous remplacerons l'armure par l'indication écrite de la tonalité en tête du morceau; nous adopterons la noire comme signe unique de l'unité de durée*... Est-ce assez? — Non, messieurs, ce n'est pas encore assez. — En faisant cela, votre écriture serait cent fois moins mauvaise que celle dont vous vous servez actuellement, et l'on pourrait la lire couramment; mais elle serait encore à cent coudées du chiffre.

La musique n'est pas seulement un art; elle est aussi une science et une belle science, quoique vous ne sembliez pas vous en douter. Eh bien *la science musicale est absolument inintelligible avec les signes d'intonation écrits sur la portée;* je l'ai surabondamment prouvé dans mes lettres précédentes, en citant les travaux des Conservatoires, de M. Fétis, etc., sur les gammes et sur les mesures : c'est à leur écriture que tous ces messieurs sont redevables des balourdises qu'ils ont commises. Cette science devient au contraire d'une lucidité admirable quand elle est exposée au moyen des chiffres; l'harmonie surtout doit à la portée musicale l'état déplorable dans lequel on la voit dans tous les Conservatoires. Il n'y aura bientôt plus que M. Fétis, le philosophe, et messieurs LES SAVANTS *de la Commission du chant de la ville de Paris,* à ne pas connaître *ce fait, admis par tous ceux qui ont assisté à une seule exposition théorique au moyen du chiffre.* — Il est vrai que pas un de ces messieurs dont *la mission unique* est de veiller au progrès de l'enseignement musical dans les écoles de la ville de Paris, n'a pris la peine (malgré mes invitations réitérées) de venir constater une seule fois les résultats produits par la méthode nouvelle : ce qui ne les empêche pas de faire continuellement des rapports contre elle, pour la plus grande glorification du bon sens et de la morale : repousser sans connaître, condamner sans entendre!.... Aussi l'opinion publique commence à leur infliger le châtiment qu'ils ont mérité.

Enfin, et sans m'arrêter plus longtemps à une foule de raisons secondaires, quand la lecture musicale sera devenue un fait universel, comme l'est celle de la langue maternelle, la musique vocale deviendra un besoin comme la causerie, la promenade, je dirai même comme *l'habitude de fumer;* alors il faudra bien que toutes les bourses puissent se procurer de la musique, et même beaucoup, parce que *l'on saura véritablement lire*. Eh bien, avec l'écriture sur la portée, l'achat de la musique sera toujours le privilége du riche, ou du moins il ne séra pas celui du pauvre. Or, si le pauvre ne peut acheter des livres; à quoi lui servira de savoir lire? Ce serait le condamner au supplice de Tantale et perdre en même temps tout le bénéfice que l'on attend de la généralisation de la lecture musicale. — Avec le chiffre, au contraire, aussitôt que les éditeurs se seront emparés de l'écriture nouvelle, les livres de musique ne seront pas plus chers que les livres ordinaires, livrés maintenant à si bas prix par la librairie.

La portée est donc radicalement mauvaise pour le vocaliste.

Voyons maintenant si le chiffre satisfait mieux que la portée aux exigences de l'intonation, et s'il doit lui être préféré. Cette question sera le sujet de ma prochaine lettre.

Agréez, Monsieur le Rédacteur, etc.

Émile CHEVÉ.

TRENTE-QUATRIÈME LETTRE.

Nous venons de voir combien la portée répond mal aux exigences de l'intonation, voyons maintenant si le chiffre est plus heureux.

Supposons les huit échelons de la gamme représentés par les huit premiers chiffres; le but de l'écriture sera-t-il atteint? Le signe sera-t-il *clair, simple, précis?* Cette écriture sera-t-elle *à la portée de toutes les intelligences, de tous les âges* et *de toutes les bourses?* Pourra-t-elle *satisfaire à tous les cas* et *être lue avec toute la rapidité désirable?*

Faisons d'abord observer que, comme *écriture universelle*, le chiffre arabe est bien autrement répandu que la portée musicale. Contre dix personnes qui connaissent plus ou moins bien l'écriture musicale (pour être exact je devrais dire : *plus ou moins mal)*, il y en a mille qui lisent parfaitement bien le chiffre arabe, *comme signe numérique*, et une demi-heure suffit à ces personnes pour transformer ces signes numériques en signes d'intonation. — L'usage de ces chiffres nous est tellement familier, depuis notre enfance, qu'il ne serait au pouvoir d'aucun gouvernement de changer la signification numérique d'un seul chiffre; de faire, par exemple, que le 2 remplaçât le 4, que le 5 remplaçât le 6, etc. Chacun le sait, les chiffres arabes sont de tous les signes conventionnels, ceux qui sont, à beaucoup près, le plus universellement répandus et le plus universellement connus. Ces signes sont fort simples, faciles à tracer et ne peuvent être confondus entre eux. Rien d'ailleurs ne peut donner *mieux qu'eux* et *plus vite qu'eux, l'idée d'une hiérarchie quelconque*, puisqu'ils sont précisément l'expression de la hiérarchie par excellence : la hiérarchie numérique.

Le chiffre jouit donc du quadruple avantage 1° d'être connu de tous ceux qui ont touché un livre; 2° d'être reconnu et lu avec une rapidité extrême; 3° de ne pouvoir être confondu avec quoi que ce soit; 4° et enfin, d'être tracé avec la plus grande facilité, sur le premier papier venu, et sans aucune préparation préalable : *sûreté de perception, instantanéité de perception, universalité de perception, facilité d'exécution*. Quel est le signe, autre que le chiffre, qui puisse prétendre, je ne dirai pas à dépasser, mais même à atteindre cette *perfection relative*, comme le dit M. Fétis? Ajoutez à cela que la connaissance du chiffre est parfaitement accessible à toutes les intelligences, à tous les âges et surtout à toutes les bourses, puisque l'écriture en chiffre coûtera dix fois, vingt fois moins cher que l'écriture actuelle de la musique, aussitôt que le commerce s'en sera emparé.

Quant à cette objection niaise que le chiffre ne parle pas à l'œil, *qu'il ne peint pas l'idée*, elle me rappelle, malgré moi, la visite de Gulliver à l'académie de Lagado, où trois sublimes professeurs avaient imaginé *de supprimer les mots dans le discours*, sous prétexte *qu'ils ne parlaient pas aux yeux*, et de les remplacer *par les objets matériels qu'ils représentent* : ils obtenaient ainsi *une langue universelle qui dispensait d'apprendre toutes les autres !* — Mais revenons aux chiffres. Et d'abord, comprenez donc un peu ceci, messieurs les musiciens philosophes : — Est-ce que quand vous êtes au milieu d'un escalier et que quelqu'un vous dit ces simples paroles : — *montez, descendez*, — vous ne comprenez pas à l'instant même ce que l'on vous dit, *bien que l'interlocuteur ne fasse aucun geste?* Est-ce que vous n'avez pas immédiatement l'idée nette de ce que l'on vous ordonne, bien que l'on ne *mette pas une image devant vos yeux?* Est-ce que quand je vous dis : *montez cinq marches, descendez trois marches,* je ne suis pas instantanément compris de vous? Est-ce que je ne suis pas beaucoup mieux compris que si je me contentais de peindre à vos yeux l'idée vague de monter ou de descendre, en touchant du doigt, par exemple, un escalier peint devant vous? Et si, par hasard, mon escalier avait des *marches doubles* à certains endroits, et même des *marches triples,* se remplaçant l'une l'autre dans certains cas, et *placées à des degrés divers d'élévation;* est-ce que, dans ce cas, je ne serais pas immédiatement compris en vous disant : Arrêtez-vous sur le remplaçant, grave ou aigu, du 3ᵉ, du 5ᵉ échelon, par en haut ou par en bas? Est-ce que je ne serais pas alors dix fois mieux compris qu'en faisant tous les signes possibles pour indiquer l'échelon normal, ou l'un de ses remplaçants, surtout si le *dessin mis sous vos yeux représentait l'échelon normal et ses deux remplaçants par un seul et même échelon, parfaitement identique dans les trois cas?* — Tout cela est-il vrai? — Evidemment, oui. Quand un mot est précis et clair et qu'il est bien compris par celui auquel il s'adresse, c'est le moyen le plus sûr et le plus court de donner l'idée. Eh bien, que fait le chiffre? — A l'exemple du mot clair et précis, *il indique d'une manière sûre, rapide et parfaitement nette,* la marche précise sur laquelle doit s'arrêter le chanteur, que cette marche soit la marche normale, ou l'une de celles qui sont appelées à la remplacer. Par le chiffre, le lecteur est donc prévenu aussi rapidement et aussi catégoriquement que possible de ce qu'on exige de lui; et, s'il est parfaitement maître de l'intonation, c'est-à-dire s'il connaît bien son escalier, il donne à l'instant, et sans la moindre hésitation, le son qui lui est demandé; au lieu d'être obligé, comme celui qui lit *les clefs multiples* ou les *tons multiples,* de DEVINER continuellement ce qu'on veut lui dire.

Lecteur, doutez-vous encore de la supériorité des chiffres sur la portée, et faut-il que les résultats de la pratique viennent confirmer les prévisions de la théorie? — Eh bien! entrez à l'improviste dans deux classes de musique vocale; l'une où l'on enseigne l'intonation au moyen de la portée *(même en se servant de nos exercices, comme cela se fait dans beaucoup d'écoles communales de la ville de Paris,* MALGRÉ LA

DÉFENSE FORMELLE DU COMITÉ CENTRAL) et l'autre où l'on professe par le chiffre; entrez, par exemple, au cours supérieur de la Halle aux Draps, puis au *cours élémentaire de l'École de Médecine, qui n'a que six mois d'existence,* et votre doute sera *foudroyé* par l'expérience. Dans tous les cas où vous verrez *les élèves de la portée* se traîner péniblement, ânonner à qui mieux mieux et ne marcher que de chute en chute, vous verrez *les élèves du chiffre* courir à toutes jambes, sans la moindre hésitation et ne faisant d'autres faux-pas que ceux auxquels sont exposés les meilleurs coureurs. — Et cependant, ce devrait être tout le contraire, si la portée parlait si bien à l'œil, et si elle était aussi supérieure au chiffre que l'affirment *tous ceux qui ne connaissent pas le chiffre* (1). Si la Commission du chant de la ville de Paris avait fait *une seule fois* la double visite dont je parle, elle ne serait pas dans la position fausse où l'ont placée son manque de bon sens et son manque de bonne foi.... Elle ne connaît donc pas le proverbe : *Qui n'entend qu'une cloche, n'entend qu'un son....* Tant pis; tant pis pour elle et pour ceux qu'elle soutient.

Enfin, et comme dernier argument, je fais à ces hommes tenaces qu'aucune raison ne peut arracher à la routine et qui soutiennent *quand même* la supériorité de la portée, je fais, dis-je, une proposition bien simple, *en dehors de tout esprit de personnalité,* dans un but d'utilité publique, et que je crois propre à décider nettement la question.

Qu'ils réunissent cinquante lecteurs à leur choix, pris parmi les élèves du Conservatoire, ou ailleurs, peu nous importe. En un mot : qu'ils choisissent les cinquante meilleurs lecteurs qu'ils pourront trouver (2). — Moi, de mon

---

(1) Chose remarquable, tous les hommes spéciaux qui ont étudié sérieusement *le chiffre*, le préfèrent à *la portée*, et tous ceux qui ne l'ont pas étudié le repoussent... Au jugement desquels faut-il croire? La réponse ne peut être douteuse : — Pour juger avec connaissance de cause, il *faut comparer*, il faut balancer *le pour et le contre*. Le jugement de ceux qui n'ont pas fait cela est entaché de nullité.

(2) Je ne parle pas ici de l'Orphéon, chacun sait bien que les orphéonistes ne lisent qu'à grand'peine *une* ou *deux clefs*, et les *tonalités peu avancées;* si cependant M. Hubert veut choisir ses cinquante plus forts orphéonistes, qu'il se présente, la lice est ouverte; qu'il vienne avec son cours supérieur; voici le moment de prouver *en plein soleil* que ses élèves savent lire toute espèce de musique écrite pour les masses; la chose en vaut bien la peine.

côté, je choisirai *parmi mes élèves exclusivement* cinquante lecteurs aussi. Cela fait, on prendra le catalogue de tout ce qui existe de musique d'ensemble; — on tirera au sort *dix, vingt, trente ouvrages*, ou plus; et, dans chaque ouvrage, on prendra un morceau au hasard. Tous les morceaux désignés par le sort seront écrits successivement sur deux tableaux noirs, *l'un sur la portée, tel qu'il aura été écrit par l'auteur, et l'autre en chiffres, comme il nous conviendra de l'écrire.* (Il est bien entendu que l'on conservera religieusement toutes les idées de l'auteur.) *Séance tenante*, ET SANS AUCUNE PRÉPARATION QUELCONQUE, LES MORCEAUX SERONT EXÉCUTÉS, TOUTES LES PARTIES A LA FOIS, *et à première vue.* Le public, qui assistera à toutes ces lectures (et l'on peut croire qu'il n'y manquera pas de musiciens), sera juge du camp. — Cette première série d'expériences terminée, on en fera une seconde, de la même manière, *pour l'écriture sous la dictée* : toujours dans le simple but de constater laquelle des deux écritures satisfait le mieux aux exigences de l'intonation. Je le répète, cette expérience n'est pas une sotte question de personnalités, c'est une simple mais haute question scientifique.

Si nous sommes battus, nous ne dirons pas que c'est parce que nous avons fait lutter des élèves fournis par le hasard contre l'élite du Conservatoire; nous confesserons, si tel est votre plaisir, que c'est à l'infériorité de notre écriture que sera due notre défaite.

Si nous sommes vainqueurs (et tous ceux qui connaissent les deux écritures n'auront pas un instant de doute sur le résultat de la lutte), nous vous laisserons choisir entre les deux explications suivantes : 1° ou *nos élèves sont meilleurs lecteurs que les vôtres*, puisqu'ils les auront battus, même avec notre mauvaise écriture en chiffres; 2° ou bien, *notre écriture est tellement supérieure à la vôtre*, qu'elle aura permis à nos élèves de quelques mois de battre vos sujets d'élite. C'est-à-dire que, grâce à l'immense puissance de l'instrument nouveau, des élèves, pour la plupart ouvriers, n'ayant pu étudier la musique qu'en passant et dans leurs rares moments de loisir, auront pu battre des hommes spéciaux, choisis parmi les plus habiles, parmi ceux qui font de la musique l'étude de leur vie entière.... L'expérience sera-t-elle assez concluante? Répondez!

Vous avez refusé le *tournoi musical;* vous avez refusé jusqu'à *la simple exposition* que je vous proposais ; refuserez-vous encore cette expérience, que je vous propose loyalement, et qui peut se faire très-facilement? Mais si vous refusez encore, avouez-vous donc vaincus, *du moins sur le terrain de votre absurde écriture*, et ne faites plus cette opposition déraisonnable, de parti pris, à une chose excellente que vous ne repoussez *que parce que vous n'en avez aucune idée.*

Ou plutôt, messieurs les opposants, écoutez donc une bonne fois la voix de la raison, la voix du plus simple bon sens; et, quand des gens sérieux, instruits, viennent vous annoncer qu'une grande amélioration est effectuée, non pas seulement dans la théorie, mais encore dans la pratique d'une science et d'un art qui absorbent toute votre existence, donnez-vous la peine de venir constater la chose par vous-mêmes; afin de l'apprécier et de la juger avec pleine connaissance de cause. Cela sera plus juste et plus raisonnable que de nier sans connaître et de lancer de ridicules sarcasmes et souvent de basses calomnies *contre ceux qui vous convient fraternellement au bénéfice de leurs travaux.* Et si la justice et la raison ne vous conduisent pas chez nous, que ce soit la prudence, l'intérêt bien entendu de chacun de vous. — Les moyens d'enseignement que nous avons entre les mains sont tellement puissants et surtout tellement faciles à mettre en œuvre, que des masses de professeurs vont se former d'ici à peu de temps, et ces professeurs vont, *par la force des choses*, vous enlever le plus grand nombre de vos élèves, *si vous ne voulez pas faire comme eux : prendre la route nouvelle.* — Que ferez-vous alors, quand le public sera contre vous? Pensez-vous que de plates plaisanteries contre une vérité qui vous écrase, *par votre faute*, ou de lâches calomnies contre deux hommes de résolution, qui ont pris la lourde tâche de régénérer l'enseignement musical, tombé si bas; pensez-vous, dis-je, que cela soit une compensation suffisante pour la perte absolue de vos clientèles? Ce n'est pas mon avis, et ce ne sera pas longtemps le vôtre, je vous en réponds.

C'est un singulier phénomène psychologique que de voir tant de gens se dégrader, s'avilir, pour obtenir une place, une faveur, un bout de ruban; et d'en voir tant d'autres refuser obstinément de faire une chose *sensée, honorable*, bien qu'en la faisant ils s'assurent un travail fructueux, honnête, et qu'en ne la faisant pas, ils compromettent complètement leur avenir... L'amour-propre est donc un bien sot conseiller, et la routine un dominateur bien abrutissant pour produire de pareils effets! — Mais quittons maintenant les idées générales et venons-en aux applications pratiques. Comment le chiffre rend-il les idées de *mode*, de *ton*, de *modulation* et de *voix*, c'est-à-dire tout ce qui a trait à l'intonation? Ce sera le sujet de ma trente-cinquième lettre.

Agréez, Monsieur le Rédacteur, etc.

Émile CHEVÉ.

TRENTE-CINQUIÈME LETTRE.

Le chiffre, comme signe d'intonation, répond-il complètement à toutes les exigences de la musique vocale, parvenue au point de perfection où l'a conduite la théorie des rapports? — A cette question catégorique je réponds catégoriquement : *oui* : et je le prouve. — La question présente ici quatre points de vue : *modes*, *tons*, *voix*, *modulations;* prenons-les successivement l'un après l'autre.

1° Les modes. Les modes sont au nombre de cinq : *majeur, mineur, chromatique par dièses, chromatique par bémols* et *enharmonique*. Commençons par le premier, par le mode majeur.

Mode majeur. Ce mode étant composé de *huit échelons* superposés, formant avec le point de départ, toujours variable, *une série de rapports fixes, absolus, invariables*, les *huit premiers chiffres* rendent admirablement bien cette série absolue.

Le huitième échelon servant de base à une deuxième série, identique à la première; le quinzième servant de base à une troisième série, et ainsi de suite, *lorsque les séries se trouvent superposées*, elles ne se composent vraiment que de sept échelons propres à chaque série, le huitième n'étant autre chose que le premier de la série suivante. — Au lieu de huit chiffres il n'en faut donc que sept pour chaque série, comme le montre l'exemple suivant, que j'écris à dessein en ligne horizontale :

UT, RÉ, MI, FA, SOL, LA, SI.

1, 2, 3, 4, 5, 6, 7.

L'ensemble des voix humaines ayant un parcours total de vingt à vingt et une notes diatoniques (il est bien entendu que je ne m'arrête pas à cette niaiserie d'une écriture pour les femmes et d'une écriture pour les hommes. — L'avenir ne voudra pas croire à un pareil fait.) — L'écriture doit présenter trois séries identiques superposées. — Il faut donc un moyen de distinguer entre elles les trois séries; le moyen proposé par J.-J. Rousseau, modifié par Galin, atteint parfaitement ce but; il consiste, comme le sait déjà le lecteur, dans l'emploi d'un *point inférieur pour la série grave* et *d'un point supérieur pour la série aiguë, la série moyenne n'en ayant pas.* Voici les trois octaves ainsi écrites :

OCTAVE AIGUË.

$\dot{1}$ $\dot{2}$ $\dot{3}$ $\dot{4}$ $\dot{5}$ $\dot{6}$ $\dot{7}$

OCTAVE MOYENNE.

1 2 3 4 5 6 7

OCTAVE GRAVE.

$\underset{\cdot}{1}$ $\underset{\cdot}{2}$ $\underset{\cdot}{3}$ $\underset{\cdot}{4}$ $\underset{\cdot}{5}$ $\underset{\cdot}{6}$ $\underset{\cdot}{7}$

La pratique, d'accord avec les prévisions de la théorie, démontre de la manière la plus positive que cette écriture, qui satisfait pleinement aux exigences du mode, parle vite, clairement, et sans aucun embarras possible, à l'intelligence du lecteur. — Passons au mode mineur.

Mode mineur. — Le mode mineur type, le mode mineur normal, celui qui est dans un rapport de filiation avec le mode primordial, avec le mode majeur, est le *mineur relatif,* c'est-à-dire *celui qui a pour tonique la modale supérieure*, LE SIXIÈME DEGRÉ du mode majeur (1). Donc, pour répondre à ce

(1) Prendre, *dans la pratique*, le mineur de même base comme type du mode mineur, serait à la fois une ânerie et une lourde faute. — Ce serait une ânerie, puisque c'est le mineur relatif et non le mineur de même base que nous donne la gamme harmonique! ce serait une lourde faute, parce que le mineur de même base offre de grandes difficultés d'intonation pour ceux qui guident leur voix par leur oreille et non par un instrument qui *serine.*

qui est, l'écriture doit représenter *le point de départ du mode mineur* par *le sixième échelon du mode majeur ;* autrement l'esprit perd de vue ce fait important du rapport invariable des deux toniques relatives (1), et l'écriture n'est plus l'expression de ce qui est.

---

(1) Est-ce que ce serait en vue des commissions du chant de la ville de Paris que Virgile aurait écrit les mots suivants : « *Ab uno disce omnes?* » Ce qu'une a fait, toutes le font. Jusqu'ici, toutes les commissions du chant auxquelles le comité central a soumis *mes demandes réitérées de concours comparatifs,* se sont *scrupuleusement abstenues* de venir s'assurer *une seule fois* par leurs yeux et par leurs oreilles de la valeur effective des résultats pratiques que je les suppliais de venir voir. — Dans leur *superbe dédain* pour la méthode nouvelle, elles ont trouvé sans doute *plus raisonnable, plus juste* et surtout *plus commode,* de faire des rapports injurieux *contre Mme Chevé,* qu'elles ne connaissent pas et qui ne leur a jamais rien demandé; *contre M. Chevé* qu'elles n'ont jamais vu et *qui leur demandait un concours comparatif* A SES FRAIS; *contre la méthode,* qu'elles ont refusé de voir à l'œuvre; — mais, *des concours demandés,* PAS UN MOT.

Or, voici que dix personnes différentes viennent, en grand émoi, me prévenir que l'un des membres les plus savants de la commission du chant, le plus savant, disent d'aucuns, est chargé par les *autres de faire encore un rapport contre la méthode,* que pas un d'eux n'est venu voir en pratique, si j'en excepte M. Ermel, qui est venu deux fois à mon cours comme simple particulier. — Deux choses me sont signalées comme ayant plus particulièrement excité la verve du grand savant : 1o Il a découvert dans notre livre « *une espèce de jargon barbare, dans lequel l'absurde le dispute au ridicule ;* c'est le *ta ti fa,* le *ta ti fo; qui peut retenir ces mots barbares?* » — Je présume qu'ils veulent parler de *la langue des durées,* créée par Aimé Paris. Les malheureux ! ils n'ont pas compris cette magnifique idée, l'une des plus fécondes qui soit en musique; 2o le savant critique a encore découvert. — Qui le croirait? — Que, dans notre écriture, LE PREMIER *degré du mode mineur est représenté par le* SIXIÈME *du mode majeur;* oui, par un 6 !... — Et là-dessus, au lieu de faire une chose bien simple, au lieu de venir voir si ces *abominations* aident ou gênent la pratique, si elles sont ou non l'expression de la science, il va encore, à l'exemple de ses devanciers, et à l'exemple de cet autre grand savant de l'Institut, *prouver par des raisons très-savantes,* que notre *locomotive musicale,* bien loin de faire avancer un convoi d'élèves, ne fera que tourner sur place, si tant est qu'elle n'écrase pas les élèves en reculant !

Mais, mon Dieu! qu'avons-nous donc fait, Aimé Paris et moi, pour n'avoir rencontré toute notre vie que de pareils adversaires! Sera-t-il donc dit dans l'histoire de la musique, que nous n'aurons pu rencontrer à nous deux *un homme de sens, pour faire ce qui est sensé :* CONNAITRE AVANT DE JUGER ; ni *un homme loyal, pour faire ce qui est loyal :* CONNAITRE AVANT DE CONDAMNER !

Le mode mineur se trouve donc naturellement écrit avec les signes du mode majeur, sauf un seul, le *sol*, dominante majeure, qui est remplacé par le *jè* (sol dièse), sensible mineure ; ajoutons que pour l'écriture, comme pour l'idée, le mode mineur commence au *la* au lieu de commencer à l'*ut*, comme le montre l'exemple suivant :

LA	SI	UT	RÉ	MI	FA	SOL	LA
6̣	7̣	1	2	3	4	5́	6

Je le répète, et le répéterai souvent, la pratique prouve de la manière la plus concluante que cette écriture si simple atteint parfaitement le but, même chez les petits enfants de cinq à six ans.

Modes chromatiques. Les modes chromatiques, nous l'avons vu, ne sont autre chose que le mode majeur dans lequel chaque seconde majeure est coupée en deux parties inégales par un dièse ou par un bémol. — Il y a cinq secondes majeures, il y a donc cinq échelons nouveaux à introduire dans le mode majeur pour obtenir l'un ou l'autre mode chromatique. — Pour rappeler l'échelon remplacé, on prendra son numéro ; pour distinguer le remplaçant du remplacé, on frappera *le remplaçant grave*, le bémol, d'un *accent grave*, et *le remplaçant aigu*, le dièse, d'un accent aigu. — Le mode majeur *chromatisé* se rendra donc par les deux expressions suivantes :

MODE CHROMATIQUE PAR DIÈSES.

1 1́ 2 2́ 3 4 4́ 5 5́ 6 6́ 7 1̇ etc.

MODE CHROMATIQUE PAR BÉMOLS.

1 2̀ 2 3̀ 3 4 5̀ 5 6̀ 6 7̀ 7 1̇ etc.

Rien de plus clair, de plus simple que cette écriture ; en un mot, rien n'est plus vrai, puisqu'elle est l'expression exacte de ce qui est : aussi est-elle excellente.

Mode enharmonique. Le mode enharmonique est rendu inexécutable par la *véridique portée* qui *l'écrit à contre-sens, en plaçant le son le plus grave au-dessus du son le plus aigu, ré* bémol au-dessus de *ut* dièse, sans doute pour mieux peindre l'idée à l'œil. Par le chiffre, qui l'écrit correctement, cette gamme est au contraire parfaitement chantable. — Du reste, le mode enharmonique n'étant que le mode majeur contenant à la fois, dans chaque seconde majeure, le bémol et le dièse chromatiques, s'écrit tout simplement avec les signes du mode majeur, combinés avec ceux des modes chromatiques, comme le montre l'exemple suivant :

MODE ENHARMONIQUE.

1 2 + 2 3 2 3 4 5 4 5 6 5 6 7 6 7 1 : etc. (1).

Telle est l'écriture *des modes* par les chiffres; chaque mode étant toujours identiquement le même, de quelque façon qu'on l'emploie, chaque mode se trouve toujours rendu par une série de chiffres identiquement les mêmes pour le même mode. En théorie, il est impossible de faire une objection sérieuse à cette écriture (2) et tous ceux qui l'ont *pratiquée*

---

(1) J'entends encore les ergoteurs s'écrier ici : « Bon, voilà cette fois » votre logique en défaut; vous nous reprochez d'écrire le *ré* bémol au- » dessus de l'*ut* dièse, et vous en faites autant puisque vous représentez » le même *ré* bémol par un 2 et le même *ut* dièse par un + : donc vous » faites comme nous. »

Pas le moins du monde; vous ne pouvez pas faire, vous, que le barreau du *ré* bémol ne soit pas au-dessus de celui de l'*ut* dièse; tandis que pour nous le *reu* (2) ne signifie pas du tout le 2e échelon, comme le *ré* (2); mais il signifie *remplaçant grave* du 2e échelon, ce qui est bien différent; de même le *tè* (+) ne signifie pas premier échelon comme l'*ut* (1), mais : *remplaçant aigu* du premier échelon, ce qui est encore très-différent. Or, notre oreille nous ayant appris que le *remplaçant grave du deuxième échelon est plus grave que le remplaçant aigu du premier*, nous trouvons fort simple de placer le plus grave avant le plus aigu, et d'écrire 2 +; nous n'en sommes pas choqués, et nous ne pouvons l'être *puisque notre écriture est l'expression exacte de la vérité.*

(2) Une des objections trouvées par les grands savants est celle-ci : Avec le chiffre on ne pourra plus lire la partition. — Voilà ce qu'ils disent; voilà ce que je *réponds :* Avec la portée, sur mille personnes qui ont essayé l'étude de la musique il n'en arrive pas deux, *peut-être pas une*, à lire la partition; vous le savez bien. Avec le chiffre, au contraire, *tous nos élèves lisent la partition*, puisqu'il n'y a plus ni clés, ni armures, ni formes variées pour la même mesure (les instruments à cordes sont les seuls qui repoussent le chiffre). Aussi, quand nos choristes accompagnent des solistes, *comme ils ont tous la partition vocale sous les yeux*, ils n'ont que faire du chef d'orchestre pour les reprises. — En est-il de même pour la portée? — Oh! vous jouez de malheur dans vos objections; et cela doit être : le faux ne peut engendrer que le faux. Nous verrons plus loin ce qui regarde la partition instrumentale.

n'en veulent plus d'autre; une heure suffit d'ailleurs au premier venu pour l'apprendre; et même, s'il l'on est musicien, c'est une affaire de quelques minutes. — Voyons maintenant ce qui regarde les *tons*, les *voix* et les *modulations*.

2° Les tons. Les tons, en musique, ne sont pas quelque chose de particulier, je veux dire qu'ils ne sont pas un air spécial; le lecteur le sait aussi bien que nous : les tons ne sont autre chose que *les hauteurs particulières auxquelles on chante les modes*. Les tons sont les clous, et les modes sont les tableaux qu'on y accroche. — Que l'on me passe cette comparaison qui rend nettement mon idée.

Puisque le *ton* n'est pas quelque chose de particulier qui modifie le mode autrement qu'en changeant le point d'audition, l'écriture musicale qui s'adresse aux instruments *omnitones*, comme le larynx, n'a nullement à se préoccuper du ton ; — le mode étant identiquement le même à tous les tons, il suffit qu'*une indication écrite en tête du morceau, précise nettement la hauteur à laquelle le compositeur veut que l'on prenne le mode*. Avec notre écriture omnitone, avec nos chiffres, il suffit donc de cette simple indication en tête du morceau; ton de *ré*, ton de *si*, ton de *la* bémol, etc., majeur ou mineur, et tout est dit. Le chanteur prend au diapason la tonique indiquée; il lui applique le nom d'ut *si le mode est majeur*, celui de la *s'il est mineur*, et tant que la tonalité ne change pas, c'est-à-dire tant qu'il n'arrive pas de modulation, il n'a pas plus à se préoccuper des *tons* que s'il n'en existait qu'un.

Ainsi, avec le chiffre, plus d'armures, plus de ces affreux dièses et bémols de la clef, qui sont le tourment de tous ceux qui ne sont pas arrivés au point *de chanter comme nous*, par les propriétés et non par les tons absolus. — Non-seulement cette absence d'armures est un fait immense pour la pratique qu'il dégage des neuf dixièmes de ses difficultés; mais encore il ramène la musique à la vérité et le musicien à la science réelle. — Le lecteur comprend bien alors que les modes sont tout et que les tons ne sont rien, et il n'est plus exposé à faire, avec M. Panseron, ce monstrueux contresens : « *Les modes c'est l'état des tons.* »

L'anéantissement des armures pour les tons est un des grands triomphes du chiffre. Celui des clés en est un autre, comme nous allons le voir dans le paragraphe suivant sur les *voix.*

3° Les voix. Que la musique soit chantée par une voix de femme ou par une voix d'homme; par une voix de basse ou par une voix de ténor; par une voix de contralto ou de soprano, etc., est-ce que le rapport *de tonique* à *médiante,* à *dominante,* à *sensible,* etc., n'est pas toujours identiquement, absolument le même? Si fait, et si l'on a trouvé des gens pour soutenir la variété du mode pris à divers tons, on n'en a pas trouvé, que je sache, qui aient prétendu que la gamme, chantée par une certaine voix, présentait des rapports différents de ceux qu'elle offre quand elle est chantée par une voix différente de timbre ou d'acuité. — *Toutes les voix justes rendent la gamme d'une manière identique,* — personne ne le conteste; — comment donc a-t-il pu se rencontrer un cerveau assez faux pour imaginer *de changer l'écriture selon le genre de voix?* Ce fait serait incroyable s'il n'était sous nos yeux. — Comment la masse entière des musiciens a-t-elle pu adopter un pareil acte de démence, au lieu de protester à l'unanimité et de le repousser avec le mépris qu'il méritait? — Puand on compare la facilité avec laquelle s'implantent souvent les idées les plus saugrenues, les plus déraisonnables, les plus nuisibles, — à la difficulté si grande de faire adopter les idées simples, grandes, utiles, on désespérerait à tout jamais de l'avénement de l'espèce humaine à la raison, à la justice, au bonheur, si l'on n'avait une foi absolue dans la sagesse et dans la bonté infinie de la Providence.

Ainsi, et pour en revenir aux voix, au lieu d'écrire purement et simplement en tête d'un morceau de musique le nom de la voix qui doit chanter, *puisque l'écriture parle d'une manière identique à toutes les voix,* on a imaginé cette autre monstruosité des clés multiples, qui permettent de représenter *le même échelon par tous les barreaux* de la portée; et, par contre, de figurer *tous les échelons de la gamme,* quels qu'ils soient, *par le même barreau.* Et l'on trouve des gens pour admirer cela!.... et ils se disent philosophes, usant de l'analyse et de la synthèse!... — Ils sont de la force des pauvres paysans de notre Basse-Bretagne : « Ah! M. le Curé a » fait un bien beau sermon! il a parlé latin, il a dit des choses » si savantes, que personne n'a rien compris du tout. »

Pour nous qui ne visons nullement à la science creuse, inutile, et partant nuisible, et qui n'avons rien tant à cœur que de faire des choses raisonnables, sensées et surtout utiles, nous nous contentons d'écrire en tête de notre musique, et selon le cas, ces simples mots : *1er soprano, 2e contralto, 2e ténor, 1re basse*, etc., et avec ces simples mots, *que tout le monde comprend du premier coup* et sans la moindre ambiguïté, nous anéantissons toutes les clés comme nous avions déjà anéanti toutes les armures. Aussi, chez nous, celui qui sait lire l'écriture d'une voix sait lire l'écriture de toutes les voix, ce qui ne se rencontre presque jamais chez les lecteurs de la portée. Quoi de plus misérable, de plus pitoyable, que de voir, chez vous, un ténor rester muet devant un morceau de basse, et réciproquement ! Et vous admirez cela !...

Lecteur, posez maintenant à tous ceux qui ont essayé d'apprendre la musique vocale, la simple question suivante : « *Que pensez-vous d'un système qui, sans porter la moindre » atteinte à l'idée musicale, et en la rendant, au contraire, avec » une lucidité parfaite, fait disparaître à tout jamais les clés et » les armures?* » Tous vous répondront : Le système qui ferait cela enlèverait les deux écueils sur lesquels échouent et se brisent presque tous ceux qui veulent apprendre la musique vocale, et que les plus forts n'évitent que par un travail immense, aidé d'une organisation d'élite. — Eh bien, ce sont précisément ces deux écueils que le chiffre anéantit sans retour, et avec une facilité si grande que ceux qui ne connaissent que l'écriture en chiffres ne se doutent même pas que ces deux écueils puissent exister. — Et c'est l'écriture qui fait un pareil prodige que repoussent opiniâtrement tous ceux qui ne veulent pas seulement lui consacrer une heure d'étude!... Ah! ils auront beau faire, le flot monte et les engloutira infailliblement, s'ils persistent quand même dans leur rôle de bornes. — Tout progresse dans le monde; et, par cela même, tout ce qui ne progresse pas recule. — Mais arrivons aux modulations, — ce sera le sujet de ma prochaine lettre.

Agréez, Monsieur le Rédacteur, etc.

EMILE CHEVÉ.

TRENTE-SIXIÈME LETTRE.

Nous venons de voir comment le chiffre rend les idées d'intonation, au triple point de vue des *modes*, des *tons* et des *voix;* pour terminer, il nous reste à l'étudier au quatrième point de vue : à celui des *modulations.*

4° DES MODULATIONS. — Considérées au point de vue de l'écriture, les modulations présentent deux cas distincts :

1° Le compositeur peut faire alterner les cinq modes de notre système, en conservant leurs rapports normaux, c'est-à-dire *en gardant la même tonique* pour les *modes majeurs, chromatiques et enharmonique*, et *en prenant la sixte du mode majeur* pour *tonique du mineur;* cette modulation, je la nommerai *normale*, à défaut d'autre nom.

2° Le compositeur peut *changer de tonique majeure* ou *de tonique mineure*, ou *passer du majeur au mineur*, ou *réciproquement, sans s'astreindre à passer d'un relatif à l'autre;* cette seconde modulation, je la nommerai *anormale.*

Premier cas. — Quand le compositeur s'en tient à la modulation *normale*, cette modulation est parfaitement rendue par le chiffre, sans le moindre embarras, *puisque l'écriture est créée pour exprimer les cinq modes.* — Ainsi, lorsque le compositeur passe du majeur au mineur relatif, la gamme majeure :

1 2 3 4 5 6 7 1̇

est remplacée par la gamme mineure :

6̣ 7̣ 1 2 3 4 5̸ 6

et réciproquement : dans les deux cas, le même chiffre représente toujours *le même son dans les deux modes.* — S'il désire prendre les gammes chromatiques ou la gamme enharmonique, il fait cette nouvelle opération aussi facilement que la première, puisqu'il a les signes chromatiques et enharmoniques à sa disposition, comme il avait les signes diatoniques. Donc, dans ce premier cas, la modulation n'apporte pas le moindre embarras dans l'écriture, *parce que le compositeur reste dans le système normal des cinq modes.* —

Voyons ce qui arrive quand le compositeur module autrement.

Deuxième cas. — Quand le compositeur fait autre chose que de passer d'un relatif à l'autre, ou de prendre les modes chromatiques du ton dans lequel il chante, il peut encore se présenter deux cas bien différents : **A** — Le compositeur fait une *modulation en éclair ;* ou bien, **B** — il fait une *modulation permanente.*

A. — S'il ne fait qu'une modulation en éclair, c'est-à-dire, s'il ne module que pour un instant fort court, et qu'il revienne presque immédiatement à son point de départ, force est bien au lecteur de subir le *dénumérotage* que le compositeur impose aux échelons de la gamme, et il lui faut quitter la gamme normale pour suivre l'auteur où il a voulu aller. *Pour un instant,* tous les numéros des échelons perdent leur signification habituelle, et *le lecteur lit en prenant pour tonique nouvelle la dominante ancienne, la sus-tonique, la sus-médiante,* etc. Il y a là une difficulté réelle qui existe pour le chiffre, comme pour la portée, comme pour toutes les écritures quelconques, *parce qu'elle existe dans la nature même des idées à rendre.* La modulation dont je parle venant changer inévitablement la hiérarchie normale des échelons du système, *il n'est au pouvoir d'aucune écriture de faire que ce changement de rapports n'existe pas.* Le chiffre subit donc cette difficulté comme la portée, *parce qu'elle est* INHÉRENTE *à la nature des choses.* Dans ce cas, nous écrivons la modulation comme tout le monde, en prenant les accidents (et c'est ici seulement que le dièse et le bémol méritent ce nom) appartenant au ton vers lequel on va. — Toutefois, ici encore, le chiffre a un grand avantage sur la portée; comme il part toujours d'*ut* majeur, il n'a pas à craindre ces modulations avancées qui jettent dans les doubles dièses et les doubles bémols ; de plus, il n'a que faire de cet affreux et stupide caméléon nommé bécarre : il ne le connaît pas. — Ainsi, même dans ce cas, *qui est le plus mauvais pour le chiffre,* l'avantage lui reste encore sur la portée; mais dans le suivant, il l'écrase complètement.

B. — Enfin nous arrivons au dernier cas, celui où la *modulation anormale est permanente.* « C'est là, disent *les grands pourfendeurs du chiffre,* que le chiffre trouve son tombeau. »

Eh bien, je réponds : C'est là que le chiffre montre toute sa puissance ; c'est là qu'il brille d'un nouvel éclat pour rappeler enfin à la lumière *tous ceux qui ne sont pas absolument aveugles,* et au bon sens tous ceux chez qui cette faculté n'est pas absolument éteinte. — Or, que se passe-t-il dans ce cas ? — Une chose fort grave pour le chanteur : *les échelons de la gamme sont déclassés; quelques-uns même,* en plus ou moins grand nombre, selon la modulation effectuée, *sont remplacés par des échelons nouveaux; et cela dure jusqu'à la fin de l'air, ou du moins pendant assez longtemps.* L'œil et l'oreille se trouvent donc complètement déroutés; tel échelon que, tout à l'heure encore, l'œil indiquait comme remplissant la fonction de dominante, et que l'oreille reconnaissait comme tel, se trouve subitement jouer le rôle, nouveau pour lui, de tonique, de sus-tonique, de sus-médiante, etc., et ainsi de tous les autres échelons qui n'ont pas été remplacés. Ceci est donc une chose grave, très-grave, puisque l'alphabet est entièrement changé, et que *chacun des signes qui le constituent a changé d'expression et représente maintenant une idée différente de celle qu'il exprimait précédemment.* — Quand cette perversion de fonctions ne dure qu'un instant, *quand on n'a qu'une modulation en éclair,* elle n'est, en général, pas très-sérieuse; *un effort d'attention et des exercices convenables sur les modulations* (exercices que nous verrons bientôt) mettent à même de franchir cette difficulté, *absolument inhérente à la modulation, et que,* par conséquent, *aucune écriture ne peut faire disparaître,* comme nous le savons déjà.

Mais quand *la modulation est permanente* et qu'elle est un peu avancée, il n'en est plus de même, et l'attention, bien vite fatiguée par un effort continu, demande que l'on avise au moyen de revenir promptement à l'emploi normal et vrai des signes de l'écriture, puisque, en définitive, la modulation *n'a pu modifier les modes, les airs types,* et qu'elle n'a opéré *qu'un simple déplacement de la tonalité,* ou *le remplacement des modales,* quand la modulation s'effectue entre les deux modes diatoniques *de même base.* Contre ce mal, fort grand si l'on ne pouvait le détruire, le chiffre a un remède souverain : remède fort simple d'ailleurs, et d'une application très-facile, même dans les cours de plusieurs centaines d'élèves.

Posons d'abord le problème avec clarté et déterminons nettement ce qu'il y a à faire *pour que chacun des chiffres du système représente de nouveau l'échelon pour lequel il a été créé.* Eh bien, il y a deux choses à faire : *une pour l'œil,* c'est une question de théorie, elle regarde l'écrivain; *une autre pour l'oreille,* c'est une question de pratique, elle regarde le chanteur. 1° Pour l'œil, il faut faire permuter ces chiffres entre eux de manière que chacun reprenne son rang normal; 2° pour l'oreille, il faut, par un effort de volonté, appliquer au représentant d'une fonction l'idée de la nouvelle fonction que joue ce son dans la modulation. Entrons dans quelques détails.

1° *Mutation pour l'œil.* (Rôle de l'écrivain.) — Dans la modulation, chacun des échelons conservés change de numéro d'ordre en arrivant dans la gamme nouvelle : tous les rôles sont donc intervertis, voilà le fait. — Voici maintenant le moyen fort simple de ramener chaque signe à sa fonction normale. *On constate exactement la fonction que va remplir* L'ANCIEN SIGNE *dans* LA GAMME NOUVELLE, *et l'on remplace, purement et simplement, ce signe* DÉNUMÉROTÉ *par le numéro réel de l'échelon qu'il représente actuellement.* Ce premier signe changé sert de point de départ à tous les autres et l'écriture redevient à l'instant, et sans aucune secousse, ce qu'elle doit être pour atteindre son but : l'expression exacte et claire de la vérité. Dans ce cas, il n'y a donc par le fait *qu'à remplacer un chiffre par un chiffre,* et l'on anéantit sans retour une des plus grandes difficultés qui se présentent dans la pratique de la musique vocale : les modulations permanentes, surtout quand elles sont un peu avancées. — Et c'est quand le chiffre fait de pareils tours de force, quand il montre toute sa puissance, que les hommes qui n'en veulent pas, le déclarent vaincu ! Cela serait vraiment divertissant, si les résultats de cette conduite inqualifiable n'étaient de prolonger la torture imposée à nos enfants dans les classes de solfége, et de rendre à peu près nuls tous les efforts du gouvernement pour vulgariser la musique vocale dans le peuple. — Et les hommes chargés de conseiller le pouvoir sur ces matières graves de l'enseignement s'exposent au dilemme suivant : *ils connaissent* ou *ils ne connaissent pas* l'emploi du chiffre dans les modulations. — Dans le second cas, s'ils ne savent pas comment le chiffre satisfait aux exigences des modulations, de quel droit le déclarent-ils mauvais et inférieur à la portée qui ne vaut rien? Dans le premier cas, s'ils connaissent toute la puissance du chiffre dans les modulations, ils commettent une bien mauvaise action, car ils déclarent vrai ce qui est faux et faux ce qui est vrai ; et comme juges, ils absolvent l'erreur et condamnent la vérité.

Mais revenons. — Pour que le chanteur n'éprouve aucune difficulté à effectuer ce changement de signes, l'écrivain place au dessus du point précis où se fait le changement de numéro une *syllabe de mutation*, véritable pont-volant, jeté entre la tonalité ancienne et la tonalité nouvelle et qui conduit sans la moindre difficulté de l'une à l'autre, *en donnant le moyen de changer la fonction de l'échelon sur lequel s'effectue la modulation.* — Je vais à l'instant éclaircir tout ceci par quelques exemples, quand j'aurai indiqué la tâche *du lecteur* dans ces mutations d'alphabet.

2° *Mutation pour l'oreille.* (Rôle du chanteur.) — Dans cette opération, le rôle du chanteur est toujours plus difficile que celui de l'écrivain, parce que, n'ayant pas comme lui le temps de la réflexion, *il est obligé de lire en mesure et sans interruption,* et qu'il lui faut cependant faire une chose difficile : *perdre le sentiment de l'ancienne tonalité pour prendre celui de la nouvelle.* —

Toutefois, cette opération est assez simple et assez facile pour pouvoir être faite *en courant,* dans la majorité des cas, même par des masses de plusieurs centaines d'élèves, de plusieurs milliers, si l'on voulait. — Voici en quoi elle consiste : arrivé à la syllabe de mutation, le chanteur *prononce* ou *pense* cette syllabe, en appliquant au son qu'il chante l'idée de la fonction nouvelle qu'il va remplir dans la nouvelle gamme, et la tonalité se trouve instantanément déplacée et l'écriture ramenée à l'expression exacte de la vérité. Cela se fait d'une manière tellement rapide, tellement sûre, que tous les musiciens qui voient faire cette opération pour la première fois, restent frappés d'étonnement et seraient presque tentés de croire à la magie, si l'on était encore au temps des sorciers. Demandez-le à MM. A. Thys, Rondonneau, Elwart, Félicien David, Blanchard, A. Bureau, O. Comettant, Emile Prudent, Gottschalk, Godefroy, Louis Lacombe, Ovide Laurent, Scard, Ettling, Victor Lefebvre, N. Louis, Masset, Honoré Chavée, Escudier, etc., etc., et à plusieurs milliers de personnes qui l'ont vu faire à nos leçons mensuelles de l'Ecole de Médecine ; vous verrez ce que tous vous répondront : *C'est merveilleux ;* voilà leur mot.

Donnons maintenant des exemples de *mutations*, pour que le lecteur comprenne bien ce que je viens d'énoncer. Ces exemples, je vais les emprunter au *Manuel progressif de musique vocale* de mon frère Aimé Paris. Si le lecteur désire un travail plus développé sur cette importante question, que je ne puis qu'effleurer, il le trouvera dans l'ouvrage précieux que je viens de signaler, lequel renferme plus de 2400 airs classés pour l'étude avec toute *la conscience et tout le talent d'analyse réel* que l'on connaît à l'auteur.

Pour ne pas prolonger démesurément mon travail, je me contenterai de donner un double exemple de modulation entre le majeur et le mineur de même base ; cela suffira pour comprendre le mécanisme des syllabes de mutation ; puis, je terminerai par un exemple de *modulation enharmonique*, pour montrer que rien, *même le barbarisme*, ne peut échapper à la puissance du moyen. Après cela, je ne sais pas quelle objection subsistera encore contre le chiffre comme expression de l'intonation. — Si j'en ai oublié ou qu'il s'en révèle d'autres, qu'on me les dise, je répondrai. — Laissons maintenant parler M. Aimé Paris. Seulement ma lettre déjà bien longue, m'oblige à renvoyer les exemples à dimanche prochain.

Agréez, Monsieur le Rédacteur, etc.

Emile CHEVÉ.

TRENTE-SEPTIÈME LETTRE.

Voici les exemples de modulations que j'ai promis dans ma dernière lettre. Je laisse parler M. Aimé Paris. (1)

« Dans tous les cas où le compositeur ne prend pas à tâche de blesser le sens commun et le désir de l'oreille, la

(1) *Manuel progressif de musique vocale*, page 476.

transition d'un mode à l'autre dont la base tonale reste la même (d'*ut majeur* en *ut mineur*, de *sol majeur* en *sol mineur*, de *si bémol majeur* en *si bémol mineur*, etc., et *vice versâ*) s'effectue sur une note COMMUNE AUX DEUX MODES. Cette note, amenée comme cadence, n'offre aucune difficulté pour l'attaque du son qui termine le sens musical. Il ne s'agit donc que de substituer au nom de ce son facile à saisir celui de la fonction nouvelle sous laquelle on va le rencontrer. Cette substitution s'opère au moyen d'une *syllabe de mutation* qui réunit, dans ses deux éléments : 1° l'indication de la fonction que remplissait le son de transition dans la tonalité qu'on abandonne; 2° l'abrégé du nom de la fonction qu'il va remplir dans la tonalité nouvelle.

» SYLLABES DE MUTATION

» POUR PASSER DU MAJEUR AU MINEUR DE MÊME BASE.

» La dernière note du majeur dans la langue d'*ut majeur* s'appelant :	On emprunte à son nom la première portion :	Cette note devant fonctionner en langue de *la mineur* sous le nom de :	On emprunte au nom de la fonction nouvelle la portion finale :	Et on forme la syllabe de mutation :
» UT...........	U	LA..........	A	UA
» RÉ...........	R	SI...........	I	RI
» FA...........	F	RÉ	É	FÉ
» SOL..........	S	MI..........	I	SMI
» SI...........	S	JÈ..........	È	SÈ

» Ces syllabes se mettent au-dessus de la *dernière note du majeur*, à la suite de deux chiffres qui en expliquent la double signification. Exemple :

1-6 ua
|| 3 1 2 5 | 1 • • 0 |

» EXPLICATION.— Cet 1, qui termine le majeur, va se changer en une tonique mineure appelée 6; gardez le son de 1; nommez ce son *ua*, en prenant mentalement l'impression du 6 (tonique mineure), et chantez la suite, à partir de cette nouvelle tonique, devenue votre régulateur.

» Il faut savoir, en outre, si la première note du mineur doit être prise en *montant* ou en *descendant*, à partir de la syllabe de mutation, ou à l'*unisson* de cette syllabe. On lèvera tous les doutes, en faisant suivre la syllabe de mutation d'une des trois lettres *m*, *d*, *u*, qui signifieront :

» **m** *montez*, | Pour obtenir, à la hauteur
» **d** *descendez*, | convenable, la première
» **u** gardez l'*unisson*, | note du mineur.

EXEMPLES ET EXPLICATIONS.

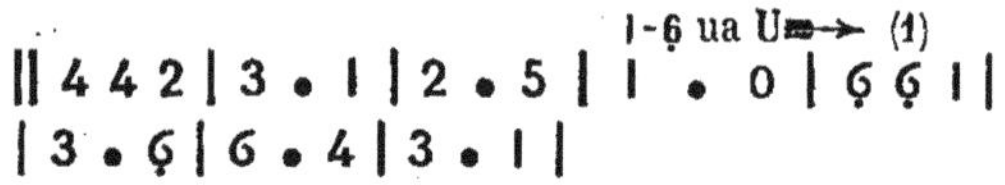

1-6 ua U→ (1)

|| 4 4 2 | 3 • 1 | 2 • 5 | 1 • 0 | 6 6 1 |
| 3 • 6 | 6 • 4 | 3 • 1 |

» Conservez le son de 1, tout en l'appelant *ua;* regardez-le comme étant devenu un 6, *tonique en mineur*, et prenez à l'unisson de ce nouveau 6, le 6 qui le suit et qui est la *tonique du mineur*.

1-6 ua M↗

|| 242 17 | 1 10 | 0 01 | 17 65 | 5 61 |

» Conservez le son de 1, tout en l'appelant *ua*; regardez-le comme étant devenu un 6, *tonique en mineur*, et *montez* d'une tierce mineure, pour obtenir le 1 qui le suit et qui est une *médiante dans le mode mineur*.

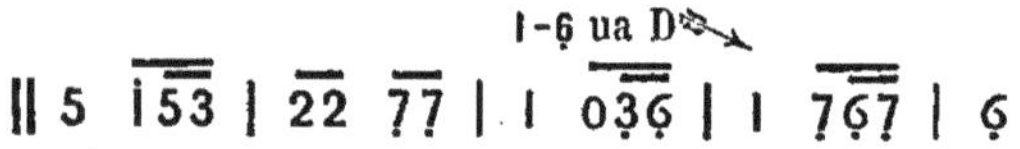

1-6 ua D↘

|| 5 153 | 22 77 | 1 036 | 1 767 | 6

» Conservez le son de 1, tout en l'appelant *ua;* regardez-le comme étant devenu un 6, *tonique en mineur*, et descendez d'une quarte petite, pour obtenir le 3 qui le suit et qui est une *dominante dans le mode mineur*.

---

(1) Les *flèches* manquant dans l'imprimerie où le *Manuel progressif* a été composé, j'ai employé les lettres **m**, **d**, **u**, qui parlent moins bien à l'œil. Emile Chevé a voulu conserver mon texte en rendant ma pensée plus claire, par l'adjonction des *flèches* à mes *initiales des directions à prendre*. Il doit être bien entendu que l'indication par les *flèches* SEULES doit être préférée, dans la musique *manuscrite* et partout où il sera possible de les employer.

15 novembre 1865. Aimé PARIS.

» SYLLABES DE MUTATION

» POUR PASSER DU MINEUR AU MAJEUR DE MÊME BASE.

» On procède, comme on vient de le voir, sur ces nouvelles syllabes dont voici les éléments et la nomenclature :

» Dernière note du mineur :	Emprunt fait à la première portion de son nom :	Nom de fonction de cette note dans la langue d'*ut majeur* :	Emprunt fait à la portion de son nom qui commence à la voyelle :	Syllabe résumant les deux emprunts :
» LA..........	L	UT.........	UT	LUT
» SI...........	S	RÉ.........	É	SÉ
» RÉ..........	R	FA.........	A	RA
» MI...........	M	SOL........	OL	MOL
» JÈ..........	J	SI..........	I	JI

» EXEMPLES ET EXPLICATIONS :

7-2 sré M

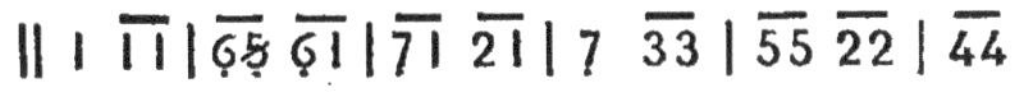

|| 1 11 | 6̣5̣ 6̣1 | 71 21 | 7 33 | 55 22 | 44

» Conservez le son de 7, tout en l'appelant *sé;* regardez-le comme étant devenu un 2, *sous-médiante en majeur*, et montez d'une seconde majeure, pour obtenir le 3 qui le suit et qui est une *médiante dans le mode majeur.*

3-5 mol U

|| 0 06̣ | 1 2 | 3 • | 05 35 | 35 345 |

» Conservez le son du 3, tout en l'appelant *mol;* regardez-le comme étant devenu un 5, *dominante en majeur*, et conservez l'unisson, pour obtenir le 5 qui le suit et qui est une *dominante dans le mode majeur.*

6̣-1 lut D

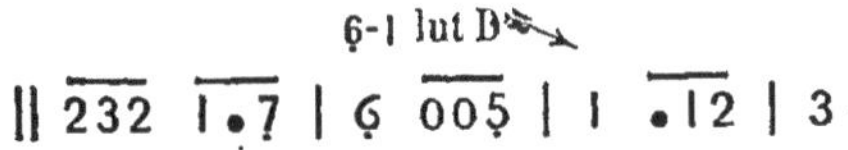

|| 232 1•7 | 6̣ 005̣ | 1 •12 | 3

» Conservez le son du 6̣, tout en l'appelant *lut;* regardez-le comme étant devenu un 1, *tonique en mineur*, et descendez d'une quarte petite, pour obtenir le 5̣ qui suit et qui est une *dominante dans le mode majeur.* »

J'emprunte encore à M. Aimé Paris un exemple de modulation enharmonique, modulation à laquelle l'avenir ne voudra pas croire et qui suffit à elle seule pour infliger un stigmate indélébile à la science musicale actuelle des Conservatoires du dix-neuvième siècle.

« Fragment de *Don Sébastien* (Donizetti).

N° 24 de l'Op. — Ton. LEU.

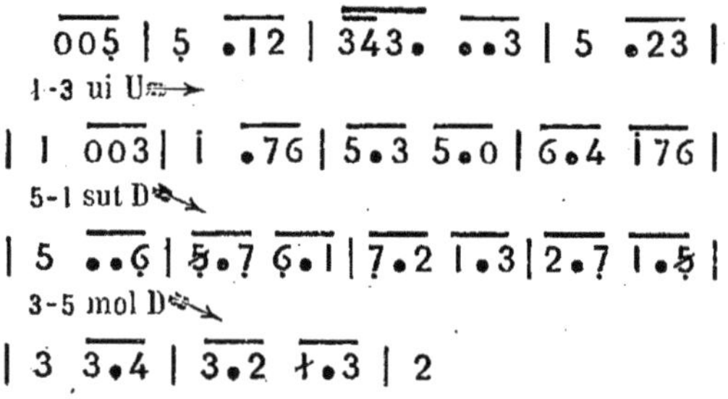

005 | 5 •12 | 343• ••3 | 5 •23 |

1-3 ui U→

| 1 003 | 1 •76 | 5•3 5•0 | 6•4 176 |

5-1 sut D↘

| 5 ••6 | 5•7 6•1 | 7•2 1•3 | 2•7 1•5 |

3-5 mol D↘

| 3 3•4 | 3•2 1•3 | 2

» Fonctions des syllabes de mutation dans ce passage.

» *Ui* opère le changement tonal de *leu majeur* en *mi majeur*, enharmonique de *feu majeur*.

» *Sut* opère le changement de *mi majeur* en *leu mineur*.

» *Mol* opère le retour en *leu majeur*, tonalité principale du fragment.

» Ainsi, trois simples changements de nom, clairement indiqués et très-faciles à effectuer, permettent de parcourir, *sans accompagnement*, des modulations qui, dans le texte original, se présentent avec une effroyable complication de signes, dont on peut avoir la mesure, par la reproduction suivante, dans la langue des *sons absolus*, si chère à M. Fétis et *si parfaite* selon lui.

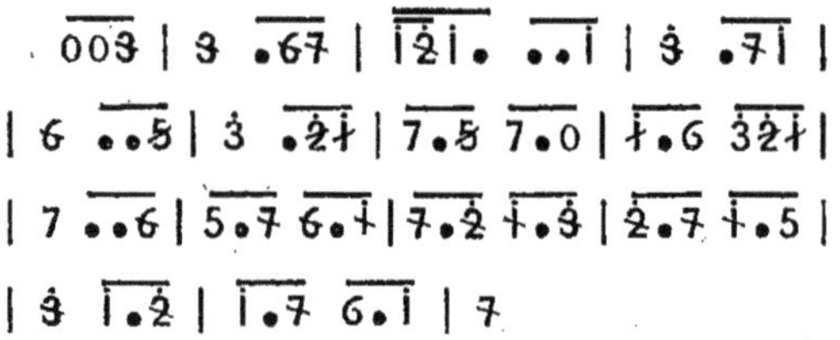

003 | 3 •67 | 121• ••1 | 3 •71 |

| 6 ••5 | 3 •21 | 7•5 7•0 | 1•6 321 |

| 7 ••6 | 5•7 6•1 | 7•2 1•3 | 2•7 1•5 |

| 3 1•2 | 1•7 6•1 | 7

» Beaucoup de personnes qui font de la musique depuis *vingt* ans ne chanteraient pas, sur la notation de l'auteur, ces quelques mesures à la trentième lecture, *faite autrement que sous la dictée d'un instrument.* Avec l'écriture de Galin et nos syllabes de mutation, des enfants de sept ans, au bout de trois mois, le font sans se douter qu'ils franchissent d'immenses difficultés. »

Au moyen des exemples que je viens de mettre sous ses yeux, le lecteur comprendra facilement le mécanisme si simple des syllabes de mutation et la pratique lui démontrera la puissance incroyable de ces simples syllabes. Alors il verra réduite à néant la dernière objection élevée contre le chiffre par les faux théoriciens et par ceux qui ne le connaissent pas, les seuls qui puissent repousser le chiffre sans étouffer la voix de leur conscience. J'emprunte encore au livre de M. Aimé Paris les observations importantes qui suivent : le lecteur m'en saura gré.

« Plusieurs remarques importantes doivent être faites, pour aider à reconnaître la note sur laquelle s'opère le plus convenablement la soudure, au moyen de la syllabe de mutation.

» 1° Le son commun aux deux tonalités qui se succèdent se présente presque toujours sous un des aspects qui suivent :

» Sur une note d'une *longue durée;*

» Sur une note à laquelle on arrive par une *seconde mineure en montant,* ou par une *seconde mineure en descendant;*

» Sur une note marquée d'un point d'orgue (dans la notation usuelle) ;

» Sur une note en *relief* (au premier temps de la mesure) ;

» Sur une note suivie d'un ou de plusieurs *silences.*

» Souvent plusieurs de ces circonstances se rencontrent sur la note de transition ; il arrive même qu'on les trouve toutes réunies.

» 2° L'entrée dans le nouveau ton ou dans le nouveau mode se fait presque toujours sur une des trois *fonctions-planètes (tonique, médiante, dominante).*

» Cette observation aidera à reconnaître le moment de la transition dans les airs, en notation usuelle, où il n'est indiqué par aucun changement de clé ou d'armure, et dans ceux où l'auteur a la malheureuse idée d'écrire, avant le changement de clé ou d'armure, une ou plusieurs notes, quelquefois même plusieurs mesures, appartenant à la tonalité nouvelle, en frappant certaines notes d'accidents qui modifient les indications de la clé ou de l'armure employées jusques-là.

» 3° L'invasion de la tonalité mineure de même base (celle où il est à propos de remplacer la langue d'*ut mineur* par celle de *la mineur*) se manifeste très-fréquemment par l'apparition soit du 3, soit du 6, soit de ces deux notes.

» 4° La cessation du mineur de même base et le rétablissement du majeur (ce qui ramène la langue d'*ut majeur* à la place de celle de *la mineur*) se révèle par l'apparition soit du 7, soit du 4, soit de ces deux notes.

» Dans ces deux cas, soit qu'il s'agisse d'un air en notation usuelle, ou d'un air traduit en chiffres, sans réduction à la plus facile des langues typiques, au moyen de syllabes de mutation, on distinguera plus aisément la note de transition (celle qui doit recevoir la syllabe de mutation), en s'aidant des remarques faites sur la *longue durée*, le *relief*, *l'arrivée par intervalle de seconde*, le *point d'orgue*, le *silence* et le *début* de la nouvelle tonalité sur la *tonique*, la *médiante* ou la *dominante*.

» Qu'on chante souvent et avec conscience les airs de la quinzième section, on arrivera promptement à reconnaître, sans calcul, par une sorte d'intuition instinctive, et même à pressentir le moment précis où doit s'opérer le changement de mot qu'exige la nouvelle tonalité. C'est là que se produisent avec une évidence incontestable les avantages de la réunion des faits par groupes analogues. Disséminés dans des recueils, ou épars en publications détachées, ces airs n'offraient, pour ainsi dire, presque rien d'utile pour l'étude. Rapprochés les uns des autres, ils initient promptement l'élève à la pratique et à la théorie de la mutation, théorie que j'ai dû donner avec quelque détail, parce qu'elle se formule aujourd'hui pour la première fois, et qu'elle détruit ce qu'a de spécieux l'objection des praticiens qui, ne soupçonnant pas, l'existence d'un moyen de réduire la lecture à celle de deux langues typiques, en ne conservant que les altérations des modulations adjacentes et faciles, soutiennent qu'il faut se rendre capable de trouver le son exigé par les divers accidents, à quelque tonalité qu'ils appartiennent. Maintenant qu'il est démontré qu'avec une opération fort simple, et que la pratique rend de plus en plus aisée, on peut supprimer d'immenses difficultés de lecture et abréger dans une incalculable proportion de fastidieuses études, le choix des esprits droits ne saurait être douteux.

» Je n'ai rien à dire pour former la conviction des autres. Ils ont acquis avec beaucoup de peine ce qui sera bientôt le patrimoine de tous; leur science bornée et de contrebande va cesser de paraître accessible seulement à quelques élus. Quand la faculté de tout lire rapidement et avec certitude courra les rues, ces gens-là deviendront tout simplement ridicules, s'ils veulent encore se poser en oracles, eux dont la capacité de lire, sans instrument traducteur, dans leur déplorable système d'écriture, devient de l'épellation dans un grand nombre de cas, et cesse d'exister dans une foule de circonstances. La lumière a pénétré dans l'antre des initiations; le rôle des prêtres égyptiens de la musique est terminé. Après quelques siècles d'abrutissement, il est temps que l'intelligence ne soit plus torturée par ces aveugles inquisiteurs, parmi lesquels plusieurs ne peuvent pas alléguer leur ignorance pour atténuer leur crime de lèse-raison humaine. »

Tel est le rôle brillant et fécond du chiffre, comme signe d'intonation pour la voix. Avec lui, le lecteur ne rencontre plus que les difficultés inhérentes à la nature même de l'intonation, comme les intervalles difficiles, les modulations abruptes et se reproduisant de mesure en mesure; mais quant à toutes ces difficultés artificielles introduites dans la pratique par les vices monstrueux et sans nombre de la *portée*, elles disparaissent comme par enchantement et sont à tout jamais anéanties. Avec le chiffre, *plus de clé, plus d'armure, plus de modulations permanentes, plus de bécarres, plus de doubles dièses, ni de doubles bémols, etc.* En un mot, *cette écriture est simple, claire, précise, accessible à tous les âges, à toutes les intelligences, à toutes les bourses; elle est répandue et connue sur toute la surface du globe plus qu'aucune autre écriture, elle rend la lecture musicale aussi facile que celle de sa propre langue; seule elle permet de comprendre et d'exposer la théorie musicale, et surtout celle de l'harmonie qu'elle a fait sortir du chaos; elle met à la portée de tous, du petit comme du grand, de l'ignorant comme du savant, du pauvre comme du riche, la connaissance de tous les chefs-d'œuvre de tous les siècles; elle va donner une vie nouvelle à toutes les industries qui, de près ou de loin, se rattachent à la librairie musicale; elle va ouvrir une large et belle issue à tous ces jeunes compositeurs qui s'étiolent dans l'ombre, sans pouvoir arriver jamais au soleil de la publicité*, etc. Que peut-on demander de plus ?... Quant à nous, qui ne l'avons point créée, et qui *l'avons étudiée à fond, au double point de vue de la théorie et de la pratique*, nous la proclamons *ce qu'il y a de plus parfait*, comme signes graphiques, et nous terminons en criant de toute notre force : Pour la musique vocale et l'harmonie, *vive le chiffre, à bas la portée !!!*

Maintenant que notre tâche est finie pour ce qui regarde l'écriture de l'intonation vocale, arrivons à l'intonation insmentale : ce sera le sujet de ma trente-huitième lettre.

Agréez, Monsieur le Rédacteur, etc.

ÉMILE CHEVÉ.

TRENTE-HUITIEME LETTRE.

Arrivons aux signes d'intonation pour les instruments. — Nous venons de le voir, *pour le larynx, instrument omnitone :* LES MODES SONT TOUT ET LES TONS RIEN, puisque la voix chante toujours les modes de la même manière, à quelque hauteur, à quelque ton qu'on les prenne. Voilà pourquoi *le chiffre, alphabet omnitone*, créé pour les modes, satisfait si merveilleusement aux exigences de l'intonation vocale. Mais pour les instruments il en est tout autrement : pour eux, en effet, les modes sont bien quelque chose, mais *les tons sont bien plus encore*, puisque, grâce à la grossière imperfection de ces instruments, *les cinq modes demandent chacun un doigté différent chaque fois que l'on change de ton*; et même il en est beaucoup qui sont tellement imparfaits, *qu'ils n'ont que trois modes : les deux modes diatoniques* et un troisième mode, *mode des douze demi-tons, mode monstre*, qui n'est ni l'un ni l'autre des modes chromatiques et qui les remplace tous les deux : pour ces instruments le mode enharmonique n'existe pas.

Donc *l'écriture omnitone*, si précieuse pour le larynx, *perd tous ses brillants avantages quand on l'applique à des instruments qui*, N'ÉTANT POINT OMNITONES et CHANGEANT LE DOIGTÉ DES MODES A CHAQUE TON, *ne peuvent*, comme le larynx, *profiter de l'anéantissement des armures*.

Donc il faut adopter, *pour la voix, le chiffre* qui a une supériorité immense sur la portée; — Point de chiffre, point de lecture musicale pour les masses : les ignorants et les hommes de mauvaise foi peuvent seuls soutenir le contraire.

Donc il faut conserver *la portée pour les instruments*, surtout pour ceux qui donnent plusieurs sons simultanés (1).

---

(1) Tout en abandonnant le chiffre pour les instruments, je dois faire ici les observations suivantes qui me sont toutes personnelles :

De ce que le chiffre, *alphabet omnitone*, convient beaucoup mieux au larynx, *instrument omnitone*, qu'à la *flûte*, à la *clarinette*, au *basson*, etc., *qui ne sont pas omnitones*, s'ensuit-il *qu'il ne puisse absolument pas servir pour cet instrument?* — Pas le moins du monde : le chiffre, au moyen des dièses et des bémols, pouvant écrire tous les tons effectifs aussi bien que la portée, *peut* s'appliquer à l'écriture instrumentale ; et s'il perd alors tous ses brillants avantages omnitones, ce n'est pas parce qu'il est plus mauvais que la portée, car il parle toujours plus clairement qu'elle; *mais seulement parce que l'instrument n'étant point omnitone, n'est pas en homogénéité de principes avec le chiffre et ne peut pas*, comme la voix, *profiter des avantages immenses d'une écriture omnitone*.

Quand l'instrument est *solinote*, c'est-à-dire quand il ne peut produire qu'un seul son à la fois, comme la clarinette, la flûte, le basson, les instruments de cuivre, etc., le chiffre peut très-bien être employé comme écriture instrumentale. — Quand bien même l'expérience ne me l'aurait pas prouvé pour plusieurs (flûte, clarinette, trombonne, bugle, etc.), il est impossible d'admettre que ce qui parle *très-clairement et très-rapidement* à l'intelligence de l'exécutant, ne puisse équivaloir à une écriture comme la portée qui, même pour l'instrumentiste qui ne lit qu'une clé, parle continuellement par énigmes, grâce aux armures, aux accidents, aux barreaux supplémentaires, et, dans l'écriture manuscrite, à la position ambiguë des notes. Même dans ce cas, les chiffres offrent encore certains avantages qui ne sont pas absolument à dédaigner : unité d'écriture au lieu des clés multiples, économie de place, d'achat, de frais de copie pour les partitions d'orchestre, etc.

Quant aux instruments à cordes ou à vent *qui donnent plusieurs sons à la fois*, violon, violoncelle, piano, orgue, harmonium, etc., — *le chiffre ne leur convient pas du tout, il est absolument mauvais*. Mais ce n'est pas, comme le pensent beaucoup de musiciens philosophes, parce qu'il ne peut pas rendre toutes les idées de l'écrivain : c'est une grande erreur que de

— Mais, vont dire les soutiens de la portée, s'il vous faut le chiffre pour la musique vocale et la portée pour les instruments, vous perdez l'unité d'écriture, si précieuse en musique, il vous faut deux écritures, et votre système est mauvais (2).

le croire. En musique, comme en arithmétique, le chiffre peut exprimer toutes les idées de sa compétence : il ne rend pas plus complètement ni plus facilement tous les nombres qu'il ne rend toutes les intonations. Ce n'est pas non plus à cause de l'étendue immense du clavier, car rien n'empêcherait d'avoir trois octaves pour la main gauche et trois autres octaves pour la droite, ce qui en donnerait six pour les deux mains sans avoir recours aux doubles points ; et huit en prenant le double point grave pour la main gauche et le double point aigu pour la droite. Je le répète, de même que le chiffre peut satisfaire à toutes les exigences les plus excentriques du compositeur qui écrit pour la voix, de même il peut le faire pour celui qui écrit pour l'instrument, *quel que soit cet instrument*. Mais voici pourquoi le chiffre ne convient pas comme écriture du piano, de l'orgue, etc., c'est qu'il offre un inconvénient très-grave : que le pianiste ne frappe qu'une seule note à la fois, qu'il en frappe deux, quatre, huit, etc., les deux portées occupant toujours la même place sur le papier, son œil voit toujours ces *deux grands chemins*, sur lesquels il cherche ces notes : qu'il y en ait peu, qu'il y en ait beaucoup, les deux portées sont toujours là, et l'écriture offre un aspect assez régulier. — Mais pour le chiffre, il n'en est plus de même ; selon que le compositeur veut faire entendre un son seul, ou plusieurs sons simultanés, il faut une seule ligne de chiffres ou il en faut plusieurs : quelquefois quatre, six, huit ou plus. — Si le nombre des parties était toujours le même, la chose pourrait encore se faire *à la rigueur* : on mettrait autant de lignes qu'il y aurait de parties. Mais le piano ne procède pas de cette dernière façon : après un son isolé, il en frappe quatre, cinq, six, etc., et réciproquement. Il en résulte qu'avec le chiffre, le lecteur aurait tantôt une ligne d'écriture, tantôt trois, tantôt six, tantôt quatre, etc., *ce qui rendrait l'écriture absolument illisible*. Or, comme le chiffre appliqué aux instruments est déjà dépouillé de tous ses avantages, on ne retirerait de son emploi, dans ce cas, que l'inconvénient immense que je viens de signaler. Donc le chiffre ne convient nullement pour les instruments qui ne sont pas solinotes, et ç'a été une grande faute que d'avoir voulu l'y appliquer.

Je ne développe pas davantage cette question, puisque nous adoptons le principe de la portée pour l'instrument : l'avenir fera ce qui sera le plus convenable.

(2) Lecteur, admirez donc l'aplomb et l'aveuglement de ces *philosophes* qui emploient sans façon *cinquante-six alphabets* pour écrire indifféremment chacune des deux idées d'intonation qu'ils n'ont pas su distin-

Eh! mon Dieu, oui, *messieurs les unitaires*, nous avons deux écritures pour la musique et nous n'en sommes pas plus honteux pour notre logique que ne le sont :

1° Les mécaniciens qui, sans égard pour l'unité de forme (que vous confondez par inadvertance sans doute, avec l'unité de système), construisent un bateau à vapeur autrement qu'une locomotive, bien que tous deux aient pour fonction de transporter des voyageurs d'un point à un autre ;

2° Les industriels qui font les patins à glace autrement que les souliers ordinaires, bien qu'il s'agisse toujours pour l'individu d'aller d'un endroit à un autre ;

3° Les nourrices qui présentent l'aliment à leurs poupons

---

guer, et qui s'en viennent avec la ferveur de la conviction, avec l'assurance de la vérité, nous reprocher de manquer aux lois de l'unité, parce que nous en employons deux. Et encore, remarquez-le bien, ils emploient leurs cinquante-six alphabets pour rendre indistinctement les deux idées d'intonation; tandis que nous, nous employons nos deux alphabets pour ces deux idées distinctes : chacun a le sien. — Mais ces hommes n'ont donc jamais pensé; ils n'ont donc jamais examiné, jamais analysé quoi que ce soit dans leur science. Si fait; et M. Fétis, entre autres, qui a beaucoup écrit sur l'écriture musicale, déclare, d'une part, *qu'il emploie l'analyse et la synthèse et qu'il a un ordre philosophique d'idées;* d'autre part, il nous dit modestement que, quand il a lu un livre sur la musique, *il en sait tout ce qu'on peut en savoir*. Et cependant, malgré tout cela, M. Fétis n'a pas vu qu'il y avait deux idées distinctes et qu'il fallait deux alphabets; il n'a pas vu non plus qu'il employait cinquante-six alphabets pour la même idée et même huit cent quarante, quand l'idée est vocale, et que ces huit cent quarante formes il les appliquait indistinctement à deux idées différentes! Et après tout cela, ces hommes peuvent être acceptés comme des théoriciens-philosophes, comme des analystes et des synthétistes de première force... en musique! Ah! cela est peu flatteur pour la science qui a pu subir une pareille mystification. Mais les musiciens portent la peine de leur faute, le Christ leur a dit comme aux autres : « *Cherchez et vous trouverez,* » et les musiciens n'ont rien cherché du tout; un cerveau timbré leur a donné une mauvaise écriture, cette mauvaise écriture a été plus ou moins modifiée par d'autres têtes fêlées, et la paresse, l'insouciance, l'absence complète de réflexion, les a portés à prendre de confiance ce qu'on leur donnait. — L'habitude, la routine, ont fait le reste.

Mais comme il ne peut jamais y avoir prescription contre le bon sens, nous venons revendiquer ses droits imprescriptibles, et demander d'une manière absolue l'adoption des deux alphabets pour les deux idées d'intonation, — et nous l'obtiendrons.

à l'aide du sein, au lieu de le faire avec une fourchette comme elles le font pour leur propre compte ;

4° Le bon Dieu lui-même qui, lui aussi, manque à l'unité du système, selon les musiciens philosophes, puisqu'il donne à des organes qui doivent remplir la même fonction, mais dans des conditions différentes, des formes absolument différentes : Comparez le pied d'un chameau à la main d'un singe ; la patte d'un palmipède à celle d'un échassier ; comparez ces divers organes à l'aile d'un oiseau ou à la nageoire d'un poisson, etc., tous organes servant à la locomotion de l'animal qui les a ; comparez les dents d'un rongeur à celles d'un carnassier ou d'un ruminant ; comparez entre elles les feuilles, les fleurs, les graines de tous les arbres ; comparez tout ce que vous voudrez qui sort de la main de Dieu, ou tout ce qui sortant de la main des hommes a le sens commun, et vous verrez que, *partout où il y a un but à atteindre, l'instrument est calculé de façon à atteindre ce but d'une manière sûre, prompte, complète*, et que POUR CELA, LA FORME DE L'INSTRUMENT EST TOUJOURS CALCULÉE D'APRÈS LES CONDITIONS SPÉCIALES QU'IL DOIT RENCONTRER POUR ATTEINDRE SON BUT : *cette forme est toujours subordonnée à ces conditions spéciales*. — Voilà la vérité, voilà la loi du monde, la loi des mondes, la loi de l'univers : UN BUT A ATTEINDRE, UNE FONCTION A REMPLIR, et UN INSTRUMENT OFFRANT LA FORME LA PLUS CONVENABLE POUR ATTEINDRE CE BUT, POUR REMPLIR CETTE FONCTION. — Je défie tout homme de sens de nier cela. — Quant à ceux qui, sans s'occuper du but et du mécanisme, ne voient dans l'instrument que la forme extérieure et qui n'en voient pas l'âme, passez-moi ce mot, il ne devrait vraiment pas y avoir à discuter leurs opinions. Il est évident que tous ces *musiciens philosophes unitaires* ont commis une déplorable confusion de mots : ils ont confondu *unité de forme* avec *unité de système*.

Et d'ailleurs, ces messieurs, pour être conséquents avec eux-mêmes, ne devraient avoir qu'un seul et unique alphabet, non-seulement pour la langue, mais pour l'arithmétique et pour la musique elle-même, car rien n'empêche, à la rigueur, d'écrire les nombres avec des lettres, de traduire le nombre 217, par exemple, de la manière suivante, *deux cent dix-sept*, et de faire toutes les opérations de l'arithmétique sur les nombres écrits avec des lettres et non avec des chiffres ; pourquoi ces messieurs ne calculent-ils pas ainsi? — Rien n'empêcherait encore d'écrire un air avec des lettres et non avec des notes sur une portée ; on écrirait le nom desnotes en toutes lettres, *ut* dièse, *mi*, *si*, *sol* dièse, *la*, etc., puis leurs durées — entiers, moitiés, quarts, ou : noires, croches, doubles croches, etc. — Eh bien, si vous tenez tant à l'unité de formes, pourquoi ne poussez-vous donc pas votre principe jusqu'au bout? Pourquoi êtes-vous si tolérants pour vous, sur cet article, et si intolérants, *si prudes*, quand il s'agit des autres? Répondez !...

Vous ne l'avez pas fait, parce que l'extrême difficulté ou même l'impossibilité d'atteindre le but avec une forme unique, quand il y avait des conditions si diverses à satisfaire, vous a contraints de *modifier la forme de l'instrument, selon les exigences rencontrées.* Continuez-donc alors à avoir le sens commun, et puisque vous avez déjà admis trois alphabets différents, *la lettre* pour *le langage*, *le chiffre* pour *le calcul*, et *la portée* pour *la musique*, parce que vous aviez trois conditions très-distinctes à remplir, prenez donc deux alphabets différents pour la musique qui a deux idées tout-à-fait contradictoires à rendre : prenez un alphabet omnitone pour la musique vocale, qui est omnitone, et un alphabet non omnitone pour les instruments qui ne le sont pas. — La différence n'est pas moins grande entre ces deux idées qu'entre le langage et le calcul.

Donc, le simple bon sens, comme la logique la plus serrée, le précédent déjà adopté par vous, et surtout la loi universelle de la nature, veulent que partout où, *pour atteindre un but identique*, il se présente *des conditions différentes* à *satisfaire*, l'instrument soit calculé de manière à arriver le plus sûrement, le plus rapidement et le plus complètement possible à ce but, *en satisfaisant à toutes les conditions qu'il doit subir pour l'atteindre* : donc l'unité de principe, l'unité de système n'implique aucunement l'unité de forme ; bien au contraire, et ce n'est que par un manque absolu de toute observation et par une incroyable absence de toute science et de tout bon sens que l'on a pu confondre ces deux idées si différentes et si indépendantes : unité de forme et unité de système.

Donc enfin, le chiffre pour la voix, s'il lui convient mieux que la portée; donc aussi, la portée pour l'instrument, si elle lui convient mieux que le chiffre. — Aucune considération ne peut infirmer ces conséquences.

Enfin, disent encore les opposants, quand on écrira une romance avec accompagnement de piano, il faudra donc l'emploi simultané de deux écritures différentes : le chiffre pour la voix et la portée pour l'instrument ? Oui, messieurs, il en faudra deux, ou plutôt il en faudra trois; car vous en avez déjà deux : une pour les paroles et une pour la musique. Et remarquez-le bien, c'est vous qui nous fournissez ici notre meilleur argument : vous avez pris un alphabet spécial pour les paroles et un alphabet différent pour la musique : et vous avez bien fait, parce que vous aviez deux idées différentes à rendre; aujourd'hui que vous savez, à n'en pas douter, qu'il y a trois idées à rendre, vous allez être les premiers, pour être conséquents avec vos précédents, à adopter le troisième alphabet : le chiffre pour la voix; et vous aurez mille fois raison, et votre œil ne sera pas plus choqué de voir trois alphabets pour trois idées, qu'il ne l'était d'en voir deux, pour deux idées différentes; et la lecture musicale, grâce à ce simple changement d'alphabet, deviendra une chose facile et universelle comme celle de la langue; et ceux qui voudront apprendre un instrument, après avoir étudié la musique vocale, n'auront que deux choses à faire : apprendre un mécanisme, et *l'équation d'un alphabet à l'autre*, ce qui les fera arriver quatre fois plus vite que s'ils étaient privés du chiffre pour apprendre la musique théorique et pratique : et tous ceux qui ne peuvent ou qui ne veulent pas devenir instrumentistes (et c'est plus des dix-neuf vingtièmes de la population) ne seront plus privés des bienfaits immenses de la musique vocale, bienfaits qui leur étaient absolument défendus par une stupide écriture appliquée à contre sens à une idée qui la repousse, etc., etc. Ici les conséquences seraient interminables, et le temps me presse.

Voyons donc, maintenant que nous déclarons adopter le *principe de la portée* pour les instruments (même solinotes), si les musiciens ont pris la meilleure portée qu'ils pussent prendre, ou bien s'ils n'ont pas encore été conduits, dans le choix définitif de leur *portée*, par cet esprit d'irréflexion et d'inintelligence qui semble seul avoir présidé à tout ce qui touche à l'enseignement musical depuis quelques siècles.

Étudions donc la portée : ce sera le sujet de ma trente-neuvième lettre.

Agréez, Monsieur le Rédacteur, etc.

ÉMILE CHEVÉ.

TRENTE-NEUVIÈME LETTRE.

Le système des lignes superposées, de *la portée,* étant une fois admis pour exprimer *l'intonation instrumentale,* quel est le principe qui doit prédominer dans sa construction?

Evidemment le principe régulateur de l'écriture ne doit être qu'un corollaire du système musical à exprimer, ou plutôt c'est le même principe.

Or, quel est le fait culminant, pivotal, du système musical moderne, de celui qui constitue notre musique actuelle, et pour lequel la portée musicale a été créée! La réponse à cette question si importante nous est fournie par l'origine de la gamme : Le fait important, primordial, de notre musique est *le mode diatonique majeur*, le mode harmonique par excellence, celui qui mérite seul le nom de gamme naturelle : tout le reste n'est que corollaire de ce fait principal, n'est que secondaire dans le système; ceci ne peut être contesté par un homme sérieux, le lecteur l'a vu dans mes premières lettres.

Donc l'écriture musicale pour l'intonation, je veux dire la *portée*, ou l'échelle musicale, doit être construite en vue de rendre aussi nettement et aussi complètement que possible le *mode majeur* d'abord, puis les autres ensuite.

Nous savons, d'ailleurs, qu'une fois l'octave atteinte, la gamme, et même toutes les gammes, se reproduisent identiquement les mêmes, soit à l'aigu, soit au grave; donc l'écriture, tout en satisfaisant aux exigences des instruments, au point de vue de l'étendue, de la répétition des octaves, doit écrire toutes les octaves avec des signes identiques à la première, placés plus haut ou placés plus bas, autrement l'écriture manquerait à la loi de l'unité, *puisque chaque octave aurait des signes différents pour exprimer des échelons identiques.*

Donc enfin, le mode majeur n'ayant que *sept échelons différents,* la *portée* sera composée *d'une série de sept échelons* superposés, série que l'on répétera, en la superposant à elle-même, autant de fois qu'il y aura d'octaves à écrire, pour satisfaire à l'étendue de l'instrument pour lequel on écrit. Là est la vérité; hors de là, est l'erreur.

Pour obtenir sept échelons, faudra-t-il absolument sept lignes parallèles, tracées sur le papier?— Evidemment, non; l'interligne pouvant tout aussi bien que la ligne tracée indiquer un échelon, et *quatre lignes* fournissant trois *interlignes,* quatre lignes suffiront pour fournir les sept échelons demandés. Et même, en convenant *de considérer comme échelon le vide audessous et le vide au-dessus de la portée,* on n'a plus besoin que de trois lignes pour la portée : en effet, trois lignes donnant deux interlignes, fournissent déjà cinq échelons, qui, augmentés de l'échelon inférieur (vide inférieur) et de l'échelon supérieur (vide supérieur) arrivent au nombre de sept échelons dont on a besoin, et cela de la manière la plus simple, la plus claire, la plus économique possible.

La *portée type,* la *portée mère,* passez-moi cette expression, doit donc être construite de la manière suivante :

PORTÉE TYPE (1).

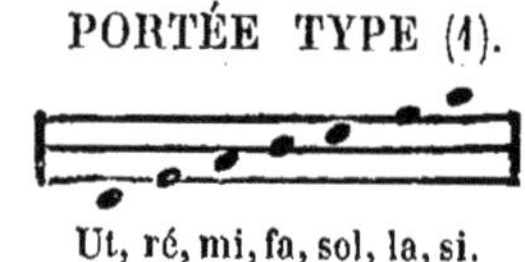

Ut, ré, mi, fa, sol, la, si.

---

(1) Il est bien entendu que j'accepte ici le principe de la portée, à la manière des musiciens, *en ne distinguant pas l'un de l'autre l'intervalle majeur et l'intervalle mineur, et en n'ayant qu'un seul et même barreau pour asseoir le son demandé,* qu'il soit *bécarre, dièse simple* ou *double, bémol simple* ou *double,* etc. Si l'on voulait satisfaire à l'exigence de *la hauteur réelle des échelons,* la portée deviendrait illisible, tant son principe est éloigné de celui de l'intonation.

Il faudrait :

1° Sept barreaux inégalement distancés pour une octave du mode majeur;

Si l'instrument a plusieurs octaves, on répétera cette petite portée autant de fois qu'il le faut pour satisfaire à l'étendue de l'instrument, avec la simple précaution de laisser, entre deux portées superposées, un intervalle double des interlignes ordinaires, pour que les portées se distinguent bien entre elles et que l'œil ne puisse les confondre. Ainsi construite, la portée générale qui résulte de la superposition de la portée type satisfait à la première loi de toute écriture bonne, logique; *elle a un signe identique pour toute idée identique, et elle n'en a qu'un;* A QUELQUE OCTAVE QU'APPARTIENNE UN ÉCHELON, IL AFFECTE TOUJOURS LA MÊME POSITION ABSOLUE DANS SA PORTÉE PARTICULIÈRE, comme il porte le même nom partout. Comme expression d'idées hiérarchiques, et abstraction faite de la nature des intervalles exprimés, cette portée est donc parfaite, puisque la même idée a toujours le même barreau de la portée comme expression graphique, et que le même barreau de chaque série indique toujours le même échelon de la gamme, comme va le voir le lecteur.

Mais, vont dire les routiniers, quand votre instrument aura une étendue de 3, 4, 5, 6 ou 7 octaves, vous aurez donc 3, 4, 5, 6 ou 7 portées superposées? D'une part, les portées vont se confondre entre elles, et d'autre part, elles seront illisibles par le nombre de leurs barreaux : sept portées..... vingt-un barreaux... — Hélas! oui, messieurs; quand l'instru-

---

2° Sept barreaux autrement disposés que les précédents, pour une octave du mode mineur;

3° Douze barreaux inégalement distancés pour le mode chromatique ascendant;

4° Douze barreaux différents des précédents, pour le mode chromatique descendant;

5° Dix-sept barreaux inégalement distancés pour le mode enharmonique; et cela, sans attaquer un seul double-dièse, ni un seul double-bémol — et cela encore pour une seule octave — ce qui porterait à sept fois dix-sept ou à cent dix-neuf le nombre des échelons réclamés par un *piano juste*, et à sept fois douze ou quatre-vingt-quatre celui nécessaire pour les pianos actuels, pour les *pianos faux*, qui ne font ni dièses, ni bémols, ni sensibles, ni sous dominantes. — Que les musiciens philosophes viennent donc encore nous vanter le principe absurde de la portée, principe qu'ils n'ont même pas su appliquer d'une manière raisonnable et qui n'a produit que l'une des plus absurdes écritures, des plus mauvaises créations qui soient sorties du cerveau humain !...

ment *voudra* quatre octaves, je prendrai quatre octaves, et quand il *en voudra* sept j'en prendrai sept, parce que je ne vois pas le moyen d'avoir sept octaves autrement qu'en prenant sept octaves. — Cela tient peut-être à une infirmité personnelle chez moi; — mais c'est ainsi que je vois. Du reste, rassurez-vous, mes portées à 3, 4, 5, 6 et 7 octaves seront beaucoup moins confondues entre elles que ne vous le fait craindre votre touchante sollicitude pour l'unité et la clarté de l'écriture (bien que vous acceptiez sans sourciller 840 formes pour une idée), et elles seront si loin d'être illisibles que les petits enfants de sept ans seront beaucoup plus à leur aise avec mes sept portées de trois lignes, écrivant sept octaves complètes, que ne le sont vos élèves de 20 ans, avec leur sotte portée de cinq lignes, écrivant à grand'peine 3 ou 4 octaves. — En douteriez-vous? Eh bien, voyez :

1° Quand l'instrument aura une étendue de deux octaves seulement, on lui écrira ses deux portées de la manière suivante, et la lecture s'effectuera du premier coup, quand on saura lire une octave, *puisque toutes deux sont écrites de même*. Sur les deux petites portées, en effet, le rapport des échelons de la deuxième octave est identiquement le même que celui des échelons de la première ; les octaves sont seulement superposées : ici l'œil et l'oreille sont donc impressionnés d'une manière complètement identique :

PORTÉE DE DEUX OCTAVES.

Ut, ré, mi, fa, sol, la, si, ut, ré, mi, fa, sol, la, si.

Si l'instrument avait les deux octaves complètes, on couronnerait cette portée par l'*ut* aigu, comme on va le voir dans l'exemple suivant :

2° Quand l'instrument aura de *trois* à *quatre octaves*, il faudra quatre portées, *deux en lignes entières*, et *deux en lignes morcelées*, en barreaux supplémentaires, comme ceux que l'on emploie sur la portée ordinaire. Mais seulement ici l'on conserve toujours l'identité de signe à l'identité d'idée, ce que l'on ne fait pas pour la portée de cinq lignes.

PORTÉE DE QUATRE OCTAVES.

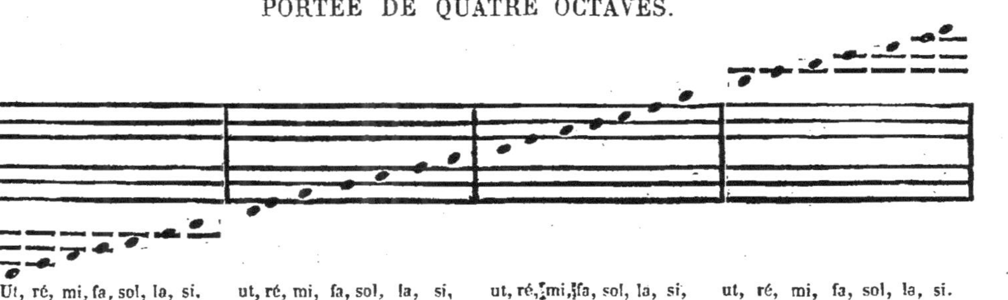

Si l'instrument ne parcourt que trois octaves, on supprime l'octave grave ou l'octave aiguë, selon le cas.

Dans les quatre octaves, l'UT *occupe toujours la même place sous la portée*, — que le barreau soit continu ou supplémentaire ; le *ré* fait de même; il est toujours sur le premier barreau inférieur, et il en est de même pour tous les autres sons de la gamme, comme le lecteur peut s'en assurer en regardant le même son sur les quatre portées.

Ut, mi, sol, si, sont toujours dans les interlignes, et chacun toujours dans le même; ré, fa, la, sont toujours placés sur les trois barreaux, et toujours chacun sur son même barreau. Aussi cette portée se lit-elle en un instant et ne permet-elle jamais d'hésitation, quelque rapide que soit la lecture, puisque les barreaux sont *toujours groupés trois à trois;* supplémentaires ou non, et que le même barreau ou le même interligne porte toujours le même nom, à quelque octave qu'on le prenne. Celui qui sait lire sur trois barreaux lit à l'instant même sur les douze et sur un nombre quelconque, pourvu qu'ils soient toujours disposés trois par trois, suivant le principe adopté, et que les portées soient distinctes les unes des autres.

3° Enfin, quand l'instrument réclame plus de quatre octaves, comme le piano par exemple, qui en veut sept, on peut encore lui fournir *ses sept octaves complètes*, au moyen de la portée précédente et sans la moindre ambiguité ni complication, en présentant toujours à l'œil une petite portée de trois lignes sur laquelle le même échelon porte toujours le même nom. On peut même écrire *neuf octaves*, en employant, comme le font les musiciens, le mot *octave* pour indiquer de lire une octave plus haut ou une octave plus bas que ce qui est écrit.

Pour atteindre ce but, il suffit de continuer les errements déjà suivis pour le piano, c'est-à-dire, *à avoir une portée spéciale pour chacune* des deux mains. Pour lier les deux portées, on fait en sorte que la portée aiguë de la main gauche devienne la portée grave de la droite, de sorte que la *quatrième portée, celle du milieu appartienne également aux deux mains.* — Les sept octaves se trouvent alors écrites sans la moindre difficulté ni le moindre embarras; tout est clair et dégagé, et l'œil les lit aussi facilement que s'il n'y en avait qu'une, comme le lecteur peut s'en assurer par l'exemple suivant :

PORTÉE DE SEPT OCTAVES. — *Pour le Piano.*

En ajoutant, à la manière des musiciens, le mot octave *au-dessous de la première octave grave* ou *au-*

dessus de la septième, on obtient une portée de neuf octaves, étendue immense, qui dépasse de beaucoup tout ce que peut réclamer, jusqu'ici, l'instrument le plus étendu.

Voilà la portée que nous proposons aux musiciens pour l'intonation de tous les instruments et même de la voix, pour ceux qui ne voudront pas encore adopter le chiffre. — Avec cette portée, toutes les clés sont anéanties, et avec elles, une des grandes causes de désespoir de la plupart des musiciens; avec cette portée, tout le monde a la même écriture, et l'on n'est plus exposé à voir un instrument impuissant à lire l'écriture d'un autre, ce qui forme un singulier contraste avec la prétention de ceux qui appellent l'écriture musicale une écriture universelle.

Il va sans dire que les armures s'appliqueront ici, comme sur la portée ordinaire, et qu'il n'y a rien absolument de changé que le nombre et la disposition des barreaux.

L'espace me manque aujourd'hui pour faire le parallèle entre la portée nouvelle et la portée ancienne, et pour faire l'historique de la portée nouvelle, historique que je ferai dans ma prochaine lettre (1). Quand je dis prochaine, j'ai peut-être tort, car ma santé demande absolument un peu de repos, et je ne sais quand je pourrai vous envoyer ma quarantième lettre.

Au revoir donc pour quelque temps, mes chers lecteurs, et, si je ne vous ai pas trop ennuyés par mon long bavardage, réservez-moi un peu de votre bienveillante attention pour mon retour.

ÉMILE CHEVÉ.

---

(1) Fidèle à ses habitudes de respect pour la priorité d'autrui, Emile Chevé a eu soin d'indiquer l'inventeur de la portée de trois lignes, dans le *Mot au lecteur*, imprimé sur la couverture de la *Méthode de Piano* de Mme Emile Chevé, publiée le 13 février 1852. On y lit : « Voici les » principes sur lesquels est basée la nouvelle portée, dont la *première* » *idée appartient,* je crois, *à M. Treuille,* capitaine d'artillerie; mais *dont* » *l'arrangement pour le piano nous appartient.* »

Il est remarquable que l'inventeur des canons rayés, M. le colonel Treuille de Beaulieu, soit en même temps celui de la *portée rationnelle,* qu'on pourrait appeler à juste titre, eu égard à sa puissance et à sa précision : la *portée rayée.*

(Note de M. Aimé Paris.)

TABLE DES MATIÈRES.

(Les dates qui suivent le numéro de chacune des onze dernières Lettres d'Émile Chevé sont celles de la double date du manuscrit et de la publication dans le journal la *Musique.)*

Dieppe. — Em. DELEVOYE, imprimeur.

PUBLICATIONS DE L'ÉCOLE GALIN-PA[illegible]

OUVRAGES D'ÉTUDES

EN VENTE CHEZ Mme Ve ÉMILE CHEVÉ, [illegible]

OUVRAGES DE M. ET Mme ÉMILE CH[illegible]

Méthode élémentaire complète de musique vocale (méthode Galin-Paris-Chevé), 1 vol. . . . Net. [illegible]
— pratique seule (chiffres sans portée) . Net. [illegible]
— (chiffres et portée). . . . . . . Net. 7 [illegible]
— portée seule (sans le chiffre) . . . Net. 3 [illegible]
— théorie seule (chiffre et portée) . . Net. 3 [illegible]

[illegible] élémentaires de lecture musicale, à l'usage des écoles primaires, cartonné. . . . Net. 2 [illegible]

800 Duos gradués, faisant suite à la méthode. . . Net. 9 [illegible]
— par recueil de 3 feuilles, chaque recueil, broché. . . . . . . Net. 1 [illegible]

Méthode élémentaire d'harmonie et de composition, 2 v. . Net. 1[illegible]

La Routine et le Bon Sens, ou les Conservatoires et la méthode Galin-Paris-Chevé (1re partie). . . . . . Net. 2 [illegible]

Les onze dernières Lettres d'Émile Chevé, complément de la Routine et le Bon Sens . . . . Net. 1 [illegible]

Méthode élémentaire de piano, 1re partie. . . . . . Net. 9 [illegible]
— 2e partie. . . . . . Net. 9 [illegible]

Tableau sur carton des Gammes harmoniques pour le piano, dans tous les tons. . . . . . Net. 1 [illegible]

Tableaux de transposition pour le piano . . . Net. 1 [illegible]

OUVRAGES DE M. AIMÉ PARIS

Manuel progressif de musique vocale, ou Recueil de plus de 2,400 airs en chiffres, rassemblés et classés par Aimé Paris, 1 vol. de 732 pages, 1847-48. — Caen Poisson, éditeur. . . . . Net. [illegible]

Œdipe musical, donnant instantanément toute transposition, simplification, mutation, etc.; avec une Instruction. Net. [illegible]

Principes et applications diverses de la Mnémotechnie. (Cet ouvrage, épuisé, a été refondu par l'auteur, dans la 1re année du *Guide-Ane Universel*, qui se vend 10 fr. quai des Augustins, 55.)

Hémiéronome, calendrier perpétuel (se vend, r. Visconti 1[illegible]

Les publications de la Société chorale de l'École Galin-[illegible] Chevé et les Chants de l'Enfance et de la Jeunesse (Maurice [illegible] et Placide Couly), se trouvent chez M. Périn, 42, rue du Dragon.

Dieppe. — Em. Delevoye, imprimeur.

www.ingramcontent.com/pod-product-compliance
Ingram Content Group UK Ltd.
Pitfield, Milton Keynes, MK11 3LW, UK
UKHW020312220726
13923UKWH00003B/1099